KB270113

벤처기업의 위기와 도전

벤처기업의 위기와 도전

―패기가 있어야 성공이 보인다―

추준석 저

比峰出版社

머리말

　　시중에는 벤처기업에 관한 책들이 많이 나와있는데, 필자가 살펴본 바에 의하면, 미국 등 선진국의 벤처기업과 경영기법을 소개하거나 혹은 국내의 창업절차나 지원제도를 설명하는 전문서들은 많으나 우리나라 벤처기업의 현실과 본질적인 문제를 다룬 책은 눈에 잘 띄지 않았다.

　　벤처정책을 담당하였던 필자의 입장에서 볼 때 벤처기업을 제대로 이해하기 위하여는 이와 같은 마이크로(micro)한 전문서들도 필요하지만 벤처기업들의 현실을 정확하게 진단하고 벤처기업이 나아가야 할 큰 방향을 제시하는 매크로(macro)한 책자도 필요하지 않을까 하는 생각이 들었다. 필자가 여러 차례 망설임 끝에 이 책을 내놓게 된 동기는 바로 여기에 있다.

　　미국의 벤처기업 1호로 일컬어지고 있는 휴렛팻커드(HP)사는 1930년에 창업하여 이제 70년에 가까운 역사를 기록하고 있다. 이와 같이 오랜 역사를 배경으로 탄탄한 기반을 갖추고 있는 미국 등 선진국의 벤처산업에 비해 지난 1996년에 「벤처기업 육성에 관한 특별조치법」을 제정하여 벤처육성을 서두르고 있는 우리나라는 그야말로 신생벤처국이라고 할 수 있다.

　　이와 같이 비록 벤처산업의 역사는 짧지만 우리 젊은이들의 기질에 맞아서인지 벤처산업은 지난 수년간 양적으로나 질적으로 비약적인 발전을 이룩하였다.

　그러나 최근 우리 벤처기업들은 새로운 시련에 봉착해 있다. 지난 99년 초부터 뜨겁게 달아오르던 코스닥시장은 침체일로에 있고, 인터넷기업들은 수익성을 입증하지 못해 기업가치가 계속 하락하고 있다.

　벤처의 종주국인 미국의 나스닥시장도 좀처럼 침체의 늪을 헤어나지 못하고 있어 그 여파가 코스닥시장에 미치고 있고, 벤처의 기반이라고 할 수 있는 기술수준에 있어서도 이렇다할 진전과 뚜렷한 성공사례를 창출하지 못하고 있다.

　이와 같이 벤처기업들이 매우 혼미하고 어려운 상황에 처해 있는데도 불구하고 벤처기업들이 당면하고 있는 문제들과 앞으로 나아갈 방향에 대해 학자나 전문가들의 연구와 토론이 활발히 전개되지 못하고 있는 듯하다.

　필자는 벤처정책에 참여했던 경험을 토대로 이 책을 통해 우리나라 벤처기업의 현상을 진단하고 벤처기업이 나아가야 할 방향과 정부의 역할 등에 관해 평소 생각한 바를 서술하였다.

　벤처기업의 발전을 위하여는 전문적이고 실무적인 각론도 필요하지만 보다 큰 정책방향과 비젼을 제시하고 정책의 우선순위와 정부의 역할 등 총론적이로 전략적인 문제에 대해 정부와 민간의 합의를 형성해야 그 토대 위에서 벤처기업의 발전을 앞당길 수 있다고 생각한다.

　아무쪼록 시련에 처한 벤처기업들이 하루 빨리 오늘의 어려움을 극복하고 재도약하기를 바라고 이를 위해 강호 제현들이 중지를 모아 주시길 바라며, 천학비재한 필자의 이 책이 그와 같은 논의에 불을 당기는 자그마한 불씨를 제공하는 계기라도 될 수 있다면 필자로서는 이보다 더 큰 기쁨과 보람이 없을 것이다.

2001년 3월 1일
테헤란로 사무실에서   추준석

목 차

Ⅰ. 기로에 선 한국의 벤처기업 · 13

Ⅱ. 벤처선진국으로부터 배우자 · 49

I

기로에 선 한국의 벤처기업

1. 벤처기업 살리는 길

작년 초부터 미국 실리콘밸리 주변을 맴돌던 냉기류가 테헤란로를 비롯한 우리나라 벤처기업에도 서서히 영향을 미치는가 싶더니, 최근에 발생한 사이비 벤처와 부실신용금고가 합작한 악성 금융사고로 한창 싹을 피우고 있는 한국의 벤처업계를 겨울 한파에 더욱 움츠리게 하고 있다.

그토록 몸과 마음이 춥기만 했던 지난 98년 IMF 한파 속에서도 희망을 갖고 벤처의 씨를 뿌리고 묘목을 가꾸어 왔는데, 왜 IMF 위기를 한참 지난 이제 벤처기업들의 고난이 다시 되풀이되고 있는가?

필자는 중소기업청장으로 재임하던 시기, 즉 IMF로부터 구제금융을 받을 수밖에 없는 처지가 되어 온 나라가 치욕과 분노에 젖어 있던 98년에 시간이 나는 대로 전국에 산재해 있는 중소벤처기업들을 방문하여 이들을 격려하고 현장의 목소리를 경청하였다.

그 당시 필자가 만난 대부분의 벤처기업인들은 서울의 변두리 지역이나 지방도시의 임대료가 저렴한 조그만 사무실 겸 작업실에서 야전침대와 라면그릇을 벗삼아 정말 열심히, 부지런히 일하고 있었다.

자금이 모자라 쩔쩔매면서도 현장을 안내하고 사업계획을 설명하는 젊은 벤처기업인들의 눈빛에는 어렵게 창업한 벤처기업을 반드시 성공시켜 보겠다는 결의가 넘쳐 흘렀고, 어려운 나라경제를 앞장서서 살려 보겠다는 비장한 각오마저 엿보였다.

그런데 그들은 지금 어디에서 무엇을 하고 있는가?

혹시 지난 98년에 코스닥이 잠시 활황을 보일 때 항상 쪼달리기만 했던 자금사정이 풍족해져 세계 제1의 기업이 되겠다고 다짐하던 창업정신과 끊임없이 도전하는 벤처정신을 잃어버린 것은 아닌가. 아니면 세월이 흘러 이제는 벤처기업을 창업하던 초심을 접어버리고 자기 분야와는 관련없는 기업인수에 몰두하면서 그토록 싫어했던 재벌의 흉내나 내고 있는 것은 아닌가.

필자는 절대 그렇지 않다고 믿고 있다. 오늘도 대다수의 벤처기업인이 밤낮 없이 연구와 개발에 몰두하고 있고, 벤처기업을 발전시켜 나라경제를 살리고 재도약시키겠다는 꿈과 자부심을 굳게 간직하고 있다고 믿고 있다.

최근 벤처와 관련하여 세간에 회자되고 있는 몇 가지 불미스러운 사례는 극히 일부 몰지각한 사이비 벤처가 저지른 일로서 대부분의 건전한 벤처기업들은 오히려 이들 사건의 피해자라고 보고 있다.

그럼에도 불구하고 최근 벤처기업들에 쏟아지고 있는 여러 가지 의혹과 비판은 대단히 심각하고 나름대로 이유가 있기 때문에, 벤처기업인들이 남의 일로 치부하고 이를 외면하거나 일시적인 현상으로 간과해서는 안 될 것이다.

벤처기업인은 물론 벤처정책을 담당하고 있는 당국과 유관기관 모두가 힘을 모아 벤처기업에 대한 불신의 원인을 규명하고 개선책을 조속히 마련하지 않을 경우 상황은 훨씬 악화될 수 있기 때문이다.

옛말에, 달을 보라고 손가락으로 달을 가리키니 사람들이 달은 쳐다보지도 않고 손가락만 쳐다보더라는 이야기가 있다.

벤처기업 육성에 대해서 지금도 식자간에 논란이 많고, 어느 것이 달인지 손가락인지도 분간하기 어려울 때가 많다.

필자가 생각하고 있는 벤처기업 육성은 한마디로 선진국에 비해 너무나 뒤떨어진 우리나라 중소기업의 기술력을 획기적으로 제고하기 위한 방안이다. 따라서 우리보다 훨씬 앞서가고 있는 미국 실리콘밸리의 수많은 벤처기업의 잣대를 가지고 이제 겨우 발전의 초기단계에 있는 우리 중소벤처기업들을 비교평가하는 것은 불합리하다고 본다.

현재 정부가 추진중인 벤처기업육성책은, 선진국에 비해 크게 뒤떨어진 우리나라 중소기업의 기술수준을 획기적으로 제고하기 위해, 벤처의 이름으로 각종 지원제도를 마련하여 시행하고 있는 **중소기업의 기술경쟁력 강화방안**이라는 점을 이해할 필요가 있다.

물론 앞으로 기술력이 있는 중소기업 중에서는 해외시장에 진출하고 미국의 나스닥에 상장할 수준의 국제적인 경쟁력을 갖춘 벤처기업들이 많이 배출될 것이다.

그러나 우선은 중소기업 전반의 기술력 강화가 급선무다.

화려하게 각광을 받는 몇몇 벤처기업의 등장도 좋지만, 전국

방방곡곡에 산재해 있는 중소기업들이 장기적으로 선진국의 중소기업 못지 않는 기술경쟁력을 골고루 갖추는 게 국가경제 발전을 위해서는 더욱 중요한 일이 아니겠는가?

대기업과 중소기업은 우리 경제의 양대 축이라고 할 수 있다. 대기업은 현재 추진중인 구조조정이 성공적으로 이루어지면 경쟁력이 더욱 강화되어 조선, 기계, 전자, 반도체, 자동차, 석유화학 등 대기업만이 할 수 있는 분야에서 선진국 기업들과 경쟁하면서 발전해 나갈 것이다.

중소기업은 최근 우리 경제에서 차지하는 비중과 중요성은 날로 증가하고 있으나 전반적인 기술수준은 아직도 국내 대기업이나 선진국 중소기업에 비해 큰 차이를 보이고 있는바, 이것은 결코 단기간 내에 해결될 수 있는 문제가 아니다.

다행스럽게도 몇 년 전부터 벤처붐이 일어 벤처의 이름 아래 모처럼 돈과 인재와 국민적 관심이 모아져 벤처기업 발전을 통해 중소기업 전반의 발전을 이룰 수 있는 호기를 맞이하였다. 이와 같이 나라 경제 발전을 위해 쉽게 찾아오기 어려운 절호의 기회를 사이비 벤처기업인 몇몇이 망치게 되는 일은 결코 용납할 수 없다.

벤처기업을 살리기 위해서는 우선 정부당국자와 투자가, 그리고 관심있는 일반인들이 진정한 벤처와 사이비 벤처를 가려내어, 묵묵히 기업 발전에 진력하는 건전한 벤처기업에 대하여는 계속해서 지원과 성원을 아끼지 말아야 할 것이다.

특히 증권거래소나 코스닥시장은 엄격한 기준과 감시체제를 갖추어 사이비 벤처들이 시장에 절대 발붙이지 못하도록 함으로써 건전한 벤처기업과 선량한 투자가를 보호해야 할 것인바, 이것은 전적으로 정부와 유관기관의 책임이다.

　　아직 채 익지도 않은 과일을 포장하여 소비자에게 바가지를 씌우려는 벤처투자회사나 금융기관들의 불법부당한 행위에 대하여도 정부와 관련기관이 함께 나서서 감시·감독을 강화해야 한다.

　　정부와 관련기관이 서로 책임을 전가하거나 막연히 누가 어떻게 해 줄 것으로 기대하는 가운데 시장은 회복하기 어려울 정도로 망가져버릴 수 있는 것이다.

　　벤처기업인들은 창업할 때의 초심으로 돌아가 세계 제1의 기업이 되는 길이 얼마나 어려운지 다시 한번 절감해야 한다. 그 길은 결코 증시에서 쏟아지는 돈벼락으로 이루어지는 것이 아니며 오히려 돈장난이 그들의 꿈을 성취할 길을 막아버릴 수도 있음을 명심해야겠다.

　　그 동안 많은 국민들은 주위의 가까운 친지들이 어려운 벤처의 길로 들어서는 것을 불안한 마음으로 지켜보면서 이들의 성공을 기원해 왔다.

　　그들이 큰 돈을 벌어 의기양양해 하기를 보기 위해서가 아니라, 누구나 쉽사리 도전하기 어려운 일들에 도전하고 성취해 나가는 과정을 지켜보고 그들의 노고와 성공을 함께 나누기 위해서였다.

　　최근 다시 어려워진 경제여건 속에서 이들 벤처인들이 용기와 도전정신을 잃지 않도록 우리 모두 이들을 성원하고 격려해야겠다.

　　벤처를 살려야 중소기업이 살고, 중소기업이 강해져야 한국경제가 재도약할 수 있기 때문이다. (2001. 1)

2. 이종문 회장의 충고

지난 99년 봄부터 코스닥시장이 활기를 띠고 벤처기업들이 무서운 기세로 뻗어 나가다가 불과 1년 몇 개월이 지난 지금 많은 벤처기업들이 추운 겨울날씨 속에서 앞날을 걱정하고 있다.

벤처기업의 너무나 급격한 흥망성쇄를 지켜보면서 2년 전 실리콘밸리의 이종문 회장이 한국벤처기업의 발전을 위해 필자에게 전해준 따끔한 충고들이 생각난다.

이종문 회장은 일찍 미국에 건너가 실리콘밸리에서 벤처기업을 창업하여 천신만고 끝에 성공한 자랑스러운 한국인이다.

이회장의 이야기는 매스콤에도 여러 번 소개되었으며 현재도 실리콘밸리에서 암벡스(Ambex)라는 벤처투자회사를 만들어 활동하면서 한국 벤처의 발전을 위해서 많은 일을 하고 있다.

필자는 지난 98년 가을 중소기업청장 재직시에 이회장을 서울의 모호텔의 회의실에서 처음 만났다. 깐깐한 인상의 이회장은 필자와 인사를 나누기가 무섭게 대뜸 일본정부가 벤처창업을 무모하게 장려하다가 1차, 2차, 3차의 대규모 연쇄부도사태를 초래하였는데, 한국정부도 어떻게 하려고 벤처기업 육성책을 서두르고 있느냐고 필자에게 힐난조로 대화를 시작하였다.

이회장이 실리콘밸리에서 체득한 여러 가지 경험에 비추어 한국정부나 벤처기업인들이 벤처육성을 너무 쉽게 생각하는 것 같아 이대로 두었다간 큰 실패를 자초할 것이라는 우려에서 한 발언이었을 것이다.

최근의 벤처기업 실정을 보면 불행히도 이회장의 우려가 현실로 맞아 떨어졌다고도 할 수 있으나, 당시에는 이회장의 말씀이 중소기업 행정을 총괄하고 있던 필자의 입장에서는 다소 언짢게 들렸던 게 사실이다.

그러나 사전에 이회장의 직설적인 화법에 대해 주위에서 여러 가지 이야기를 들었기 때문에 마음을 차분히 가다듬고 우리나라 벤처기업 육성정책에 대해 중점적으로 설명을 드렸다.

이회장은 자신이 생각했던 것보다는 한국정부가 벤처육성을 위해 나름대로 노력하고 있다는 생각이 들었던지 필자의 설명이 계속되자 점차 표정을 누그러뜨리면서 여러 가지 질문을 하는 등 우리가 추진하고 있는 벤처정책에 대해 진지한 관심을 표시하기 시작했다. 이 자리에서 이회장은 한국 벤처기업의 발전을 위한 몇 가지 조언을 해 주었는데, 첫째는 한국의 벤처기업인들이 글로벌 시각을 가지고 경영에 임해야 한다는 것이었다.

세계 각국의 시장이 상호 개방되는 상황에서 국내시장만을 대상으로 하는 벤처기업은 발전에 한계가 있을 뿐만 아니라 경쟁력이 우위에 있는 외국기업이 진출하면 곧 어려움에 처하게 될 것이라는 지적이었다.

벤처기업인들이 글로벌 시각을 갖추고 선진 경영기법을 체득하기 위해서는 벤처기업인에 대한 교육이 중요한데, 아무래도 실리콘밸리에 있는 스텐포드대학 같은 곳에서 단기교육을 받도록 하는 것이 좋지 않겠느냐는 의견을 피력하였다.

이와 관련하여, 지난 98년 5월 김대중대통령 방미시에 이회장이 대통령께 한국 벤처경영인에 대한 미국에서의 단기교육 문제를 직접 건의하여 이미 우리 정부와 이회장, 그리고 스텐포드대학간에 협의가 진행중이었다.

이회장은 이 사업을 위하여 2백만 달러를 출연하였고 우리 정부도 1백만 달러를 출연하여, 99년 2월에 스텐포드대학에 한국 벤처경영인을 위한 정보기술 교육프로그램이 설치되었다.

현재까지 총 2차에 걸쳐 80여 명의 한국 벤처경영인들이 이 프로그램에 참가하였으며, 앞으로도 많은 벤처 경영인들과 벤처유관기관의 인사들이 이 프로그램을 통해 선진 벤처경영기법을 전수받게 될 것으로 기대하고 있다.

이회장이 특별히 관심을 보인 또 한 가지 사항은, 당시 우리 정부가 중점적으로 추진하고 있던 창업보육센터에 관한 것이었다. 창업보육센터 사업이란, 미숙아를 보육기(Incubator)에 넣어 어느 정도 발육이 될 때까지 보육하듯이, 사업 초기 자금도 없고 경험도 부족한 벤처기업 창업자를 창업보육센터에 입주시켜 일정 기간 창업준비를 도와주는 사업을 말한다.

창업보육센터에서는 입주기업에 대해 저렴한 비용으로 공간을 제공할 뿐만 아니라 창업에 필요한 여러 가지 자문과 서비스를 제공하고 있다.

이회장은 미국뿐만 아니라 독일, 이스라엘 등이 이러한 창업보육센터를 효율적으로 운영하여 우수 벤처기업을 대거 배출하고 있는 사례를 지적하면서, 우리나라도 이 사업을 보다 내실있게 효율적으로 추진해야 한다고 역설하였다. 즉, 창업보육센터를 설치하여 창업을 희망하는 기업을 입주시키는 데 그쳐서는 안 되고 이들 기업이 필요로 하는 자문과 알선 등의 서비스가 제대로 이루어져야 한다는 것이었다.

　　이회장은 한국이 벤처기업을 육성함에 있어 규모나 기술수준이 너무 앞서 있는 미국보다는 우리와 여건이 비슷하다고 볼 수 있는 이스라엘이나 싱가폴, 일본의 사례를 참고하는 것이 오히려 더 많은 도움이 될 수 있을 것이라는 충고도 덧붙였다.

　　이회장과는 그후 몇 번 더 만나 말씀을 나눌 기회가 있었는데, 그 때마다 항상 한국 벤처기업의 발전을 위해 걱정하고 좋은 충고를 해 주었으며, 특히 고령임에도 불구하고 열심히 연구하고 활동하는 모습이 필자에게 깊은 인상을 심어 주었다.

　　사실 벤처 불모지나 다름없는 우리 여건에서, 또한 IMF 한파로 경제 살리기에 온 국민이 매달려 있던 당시에, 정부나 기업이나 벤처기업이 무엇인지 제대로 충분히 알지 못하고 그야말로 배우면서 일하는 그런 실정이었다.

　　이런 시기에 이회장은 한국 정부와 벤처기업인에게 벤처기업의 발상지이며 중심지인 미국 실리콘밸리에서의 오랜 경험과 넓은 시각으로 좋은 의견과 충고를 아끼지 않았다. 이회장의 건강을 빌면서 그 동안 한국 벤처발전을 위해 애쓴 노고에 대해 감사드린다. (1999. 10)

3. 코스닥시장의 과열과 침체

코스닥(KOSDAQ)시장은 우수 중소기업의 주식거래 활성화를 통한 직접금융을 확대하기 위하여 미국의 나스닥(NASDAQ)을 모델로 하여 지난 96년 7월에 개설된 증권시장을 말한다.

그러나 코스닥은 정부의 코스닥시장 활성화조치 이전에는 거래실적이 유명무실하여 모 TV 광고에 아줌마들이 등장하여 도대체 코스닥이 무어요? 하는 대사가 나올 정도로 일반인들에게 제대로 알려지지 못했던 것이 사실이다.

98년 초 국회에서 필자가 중소기업 현황에 관해 업무보고를 할 때에도 도대체 코스닥시장이 무어냐?는 질의가 나올 만큼 코스닥시장은 상당기간 유명무실한 존재로 무시되고 침체해 있었다.

98년에 IMF외환위기로 어려움을 겪고 있던 벤처업계에서는 코스닥시장의 활성화를 정부 요로에 강력히 건의해 왔다.

벤처업계 대표들은 정부가 벤처기업에 대해 이것저것 지원해 준다고 하지말고 코스닥시장만 정상화시켜 주면 좋겠다고 필자에게도 개인적으로 수차 건의하였다.

당시 코스닥은 거래소시장에 비해 오히려 자사주 매매금지 등 불리한 규제들이 많이 있었고, 주식매매 중개회사인 코스닥증권의 자본금이 50억 원에 불과하고, 그나마 자본잠식 상태에 있어 전산매매에 필요한 설비를 제대로 갖출 수 없는 형편이었으며, 사장도 몇 개월째 공석이었다.

필자는 벤처업계의 건의를 수렴하여 코스닥시장 활성화문제를 정부 요로에 수 차례 제기하고 건의하였으나 별다른 진전이 없었다. 당시 재경부 실무진들은 거래소시장 문제만 하더라도 복잡한데 코스닥시장까지 정부가 들쑤셔서 도움될 것이 없다는 분위기였다.

담보상태에 있던 코스닥시장 활성화 문제를 해결하는 계기를 마련해 준 분은 당시 이규성 재경부장관과 강봉균 경제수석이었다. 필자가 두 분을 찾아뵙고 코스닥의 여러 가지 문제와 대책을 상의드렸더니, 두 분 모두 즉석에서 공감하면서 소관부서에 코스닥시장 활성화대책을 검토해 보라고 지시하였고, 이후 재경부에서 이 문제에 대한 본격적인 실무검토가 진행된 것으로 알고 있다.

정부는 코스닥활성화를 위하여 1차로 98년 8월 코스닥증권의 자본금을 50억에서 210억 원으로 증자하고, 거래소시장 상장기업에 비해 불리한 규제였던 자사주 매입 및 일반공모증자 금지 등의 차별적 조치를 철폐하였다.

이어서 99년 5월에는 코스닥등록 벤처기업에 대한 손실준비금 적립을 인정하는 세제지원 조치와 함께 대기업의 등록요건을 완화하고 공시기능을 강화하는 등 코스닥활성화를 위한 2단계 조치를 시행하였다.

코스닥은 이와 같은 정부의 활성화조치를 계기로 미국 나스

닥의 호조, 인터넷 등 신산업에 대한 기대 그리고 거래소시장에 실
망한 일부 투자가들의 가세로 이후 폭발적인 급등세를 나타내었던
것이다.

그러나 급하게 먹은 음식이 체하듯이 코스닥시장이 99년 5월
활성화 대책 발표 이후 단기간내 지나치게 급등하였다가 2000년
2/4분기부터 주가가 계속 하락하여 투자가들은 큰 손실을 입었고
벤처기업들은 직접금융의 길이 막혀 심각한 자금난을 겪고 있다.

코스닥지수는 2000년 3월 10일 283.33(종가기준)으로 사상 최
고치를 기록한 뒤 내림세로 반전하여 작년 말 폐장일인 12월 26일
에는 52.58로 사상 최저치를 기록하며 마감했다.

코스닥은 2000년 2월 8일에 일일거래대금이 4.8조 원으로 거
래대금 3.5조 원의 거래소시장을 처음으로 추월하는 등 급등세를
보였으나, 계속적인 주가하락으로 작년에 시가총액 약 69조 원이
허공으로 사라져 버렸다.

코스닥시장은 IMF위기 이전과 마찬가지로 다시 어려운 상황
에 직면해 있다. 코스닥시장이 현재 당면하고 있는 심각한 상황을
타개하기 위하여 정부는 가능한 모든 대책을 강구해야 할 것이다.

코스닥시장이 다시 살아나기 위해서는 근본적으로 우리 경
제가 회복되고 코스닥 등록기업들이 수익성을 갖추고 경쟁력을 강
화하는 길밖에 없다고 본다.

아울러 코스닥 등록기업들이 투명한 경영과 정확한 공시를
통해 투자가들의 신뢰를 받을 수 있도록 이들 기업들에 대한 철저
한 감시 및 감독체계가 구축되어야 한다.

지금처럼 코스닥에서 사고가 연이어 발생하여 투자가들의

신뢰를 계속 잃게 될 경우, 중소벤처기업을 위한 직접금융시장인 코스닥이 다시 회복하기 어려울 정도로 심각하게 훼손 붕괴될 우려가 크다.

코스닥은 최근의 급격한 주가하락 이외에도 운영체계상의 문제도 지적되고 있다. 즉, 코스닥위원회와 코스닥증권 그리고 증권업협회간에 3원화된 기능과 업무의 재조정 문제이다.

정부에서는 최근 코스닥시장의 독립성을 강화하기 위한 관련법 개정을 추진중에 있지만, 관련기관 및 벤처업계에서도 주가조작이나 불성실 공시 등의 오명을 벗고 코스닥이 명실상부한 벤처기업과 중소기업의 직접금융의 창구로서 제대로 운영될 수 있도록 함께 노력해야 한다.

작년은 코스닥에 투자한 많은 국민들과 벤처기업인들에게 매우 어려운 한해였으나, 금년에는 코스닥이 회복의 전기를 마련하여 21세기 한국 벤처산업 도약의 중심역할을 해 주길 기대한다.
(2001. 1)

4. 벤처기업이 되기 위한 요건

벤처기업에 대한 정부의 정책과 지원제도에 대해 관심있는 인사들을 중심으로 끊임없이 논란이 계속되고 있다.

벤처기업에 대한 정부의 지원은 어느 수준에 머물러야 하는가? 정부의 벤처에 대한 지원과 간섭은 벤처기업의 발전을 촉진하기는 커녕 오히려 발전을 저해하고 있는 것이 아닌가?

급변하는 벤처기업의 현장을 잘 모르는 공무원들이 벤처기업 육성전략을 세우는 것은 그야말로 탁상공론이다! 등등 다양한 주장들이 나오고 있다.

벤처기업 육성을 위한 정부 역할을 논하기 앞서 벤처기업이 어떤 기업인지부터 알아보기로 하자.

최근 2, 3년 전부터 벤처기업에 대한 기사가 신문지상에 나타나기 시작하더니 이제는 신문, 방송은 물론 각종 매스컴에서 벤처기업은 빼놓을 수 없는 주요 관심사항이 되고 있다.

우리 경제에서 벤처기업이 차지하는 비중이 그만큼 커졌다고 볼 수 있다. 특히 99년 2/4분기부터 벤처기업들이 주로 등록된 코스닥시장이 거래소시장과 어깨를 겨루는 대표적인 주식시장으로 성장하면서 벤처기업에 대한 일반투자가들의 관심이 크게 높아졌다.

이와 같이 벤처기업에 대한 매스컴과 일반인들의 관심은 높아지고 있으나 정작 벤처기업의 정확한 실체에 대하여는 제대로 알려지지 않고 있다고 생각한다.

일반적으로 벤처기업은 고수익, 고위험(high-risk, high-return) 기업으로 일컬어지고 있다. 즉, 벤처기업은 새로운 기술이나 아이디어를 사업화하는 데 따른 높은 위험을 감수해야 하나, 일단 성공할 경우 높은 수익을 올릴 수 있는 기업을 말한다.

그러나 벤처기업에 대하여는 각국별로 정의와 기준이 조금씩 다르다. 미국의 경우 벤처캐피탈(창업투자회사)이 투자한 기업을 통틀어 벤처기업으로 광범위하게 정의하고 있으며, 일본과 대만은 연구개발비 비중이 높은 기술집약형 중소기업을 벤처기업으로 규정하여 지원하고 있다.

우리나라는 미국과 일본, 대만 등의 예를 참고하되 벤처기업의 범위를 이들 국가보다 폭넓게 규정하고 있는데, 이것은 정부의 벤처기업 지원제도를 보다 많은 중소기업들이 활용하여 이들 중소기업의 경쟁력을 강화하기 위한 것이다.

법적으로 벤처기업은 기술 및 지식집약형 중소기업이라고 벤처기업육성에 관한 특별조치법에 규정되어 있다.

좀더 구체적으로 설명하면, 벤처캐피탈(창업투자회사)이 총주식의 10% 이상을 투자한 기업이나, 연구개발비가 총매출액의 5% 이상인 기업, 신기술을 제품화하여 판매한 것이 총매출의 50% 이상인 기업, 기타 우수한 기술을 개발하여 전문기관으로부터 우수기술 보유기업으로 인정받은 중소기업들이 벤처기업이다.

<표 1> 국가별 벤처기업의 정의

구 분	정 의	관 련 법 령
미 국	벤처캐피탈이 투자한 기업	중소기업 투자법
일 본	R&D투자비가 총매출액의 3% 이상인 기업으로 업력이 5년 미만인 기업	중소기업 창조적 활동 촉진에 관한 임시 조치법
대 만	기술집약형 기업(2년마다 정부가 지정)	촉진산업조례
한 국	① 벤처캐피탈이 자본금의 10% 이상을 투자한 기업 ② R&D투자비가 총매출액의 5% 이상인 기업 ③ 특허 또는 신기술개발에 의한 제품 매출액이 전체의 50% 이상인 기업 ④ 기술평가기관에 의한 기술력우수기업	벤처기업 육성에 관한 특별조치법

이와 같은 요건에 해당하는 기업이 벤처기업임을 확인받고자 하는 경우 중소기업청에 확인 신청을 하면 2주일 이내에 벤처기업확인서를 발급받을 수 있다.

벤처기업확인서의 발급은 법적으로 강제하는 사항이 아니라 어디까지나 벤처기업의 요건을 갖춘 기업이 희망할 경우 신청하면 확인을 받을 수 있게 되어 있다.

그러나 벤처기업으로 확인받는 경우에는 정부 및 금융기관으로부터 각종 지원과 우대조치를 받을 수 있기 때문에 대부분의 벤처기업은 요건이 구비되면 벤처기업 확인을 신청하고 있다.

이와 관련하여 벤처기업의 범위를 지나치게 확대하여 벤처기업을 양산함으로써 일부 부실 벤처기업을 정부가 공인하는 것이 아니냐 하는 지적이 있다.

현행 제도는 벤처기업의 저변을 확대하기 위하여 가급적 많은 우량 중소기업을 벤처기업에 포함시켜 이들의 경쟁력 제고를 지원하고 있기 때문에 벤처기업의 범위가 너무 넓지 않느냐는 일각의 지적은 나름대로 일리가 있다고 생각한다.

이제 벤처기업의 숫자가 거의 1만 개에 육박하고 있기 때문에 단순히 벤처기업의 수를 더 늘리는 것보다 진정한 의미에서 경쟁력 있는 벤처기업을 가려내는 일이 더욱 중요해지고 있다.

따라서 적절한 시기에 우리도 일본과 대만처럼 일반 중소기업보다 연구개발투자를 많이 하는 중소기업만을 벤처기업으로 인정하는 방향으로 벤처기업 요건을 바꾸어야 하지 않을까 생각한다.

벤처기업의 요건을 법률(벤처기업육성에 관한 특별조치법)에

[그림 1] 벤처기업수의 증가추이

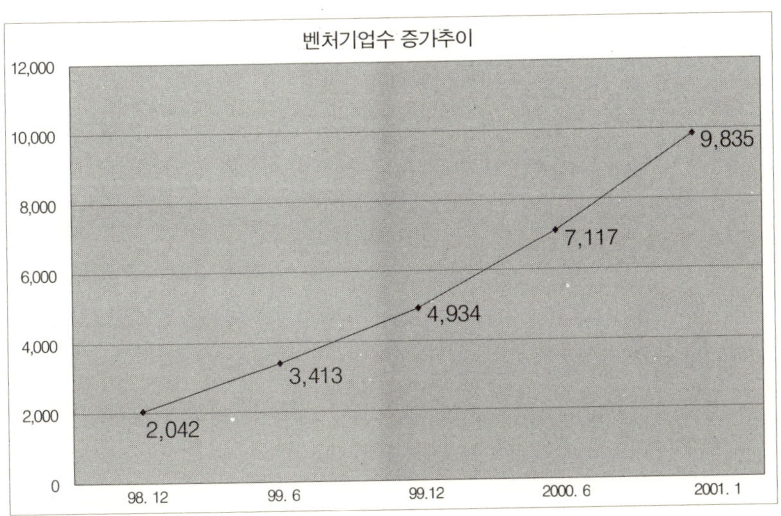

자료: 중소기업청.

정해놓고 정부기관(중소기업청)이 이를 확인하는 제도에 대해서도 일각에서 문제를 제기하고 있다. 즉, 벤처기업이야말로 개인의 자유로운 창의와 독창적인 기술개발에 의해 시장에서의 평가를 바탕으로 성장해야 하는 기업인데, 왜 정부가 나서서 법률에 요건을 규정하고 일일이 확인서를 발급하는 등의 불필요한 일을 하느냐 하는 비판이 그것이다.

정부가 벤처기업을 확인하고 있는 이유는, 벤처기업에 대한 세제 및 각종 지원제도를 운용하고 있기 때문에 불가피하게 그 대상을 법률에 규정하고 정부기관(중소기업청)에서 벤처기업임을 확인해 주고 있기 때문이다.

그러나 앞으로 벤처기업이 스스로 성장할 수 있는 경제적 환경이 조성되고 정부의 각종 지원제도가 불필요하게 되어 이들 제도가 폐지될 경우에는 정부가 법규로 벤처기업을 정의하고 확인하는 제도도 불필요해질 것이다.

미국 등 선진국의 경우를 보면, 벤처기업의 역사가 오래되고 특히 첨단기술의 축적이나 연구개발의 기반이 대학과 연구기관을 중심으로 광범위하게 구축되어 있다.

또한 벤처기업에 대한 투자를 담당하는 엔젤과 벤처캐피탈의 기능이 활성화되어 미국은 연간 460억 달러(GDP의 0.53%에 해당)가 넘는 자금이 벤처기업에 계속 유입되고, 벤처기업들의 투자를 회수하기 위한 인수합병시장 (M&A시장)이나 나스닥 등 증권시장이 튼튼히 뒷받침하고 있다.

벤처기업이 창업하여 실력만으로 성장할 수 있는 제반여건, 즉 벤처인프라가 구축되어 있는 선진국의 경우에는 정부의 역할은 최소한에 그칠 수 있으나, 불행히도 우리나라의 경우는 아직은 그렇지 못한 실정이다.

더욱이 우리나라 중소기업의 기술수준은 전반적으로 선진국의 절반에도 미치지 못하고 있고, 벤처기업 발전의 기반이라고 할 수 있는 자금, 인력, 판로, 정보 등 모든 부문이 부족한 현실에서 정부의 지원은 앞으로 일정기간 불가피하다고 본다.

불모지에서 어떤 수확도 기대할 수 없듯이, 기술이 취약하고 성장여건이 갖추어지지 않은 상황에서 우수한 벤처기업의 탄생을 기대할 수는 없다. 한 예로 박세리 선수가 LPGA투어에서 놀라운 성과를 거둔 이면에는 본인의 각고의 노력과 더불어 국내 스폰서 기업이 치밀한 계획 하에 지속적으로 뒷받침하였기 때문에 가능했지 않았는가 생각된다.

참고로 우리의 경쟁국인 일본, 대만, 싱가포르, 이스라엘 등은 모두 정부가 적극적으로 벤처기업의 육성을 위해 지원을 확대하고 있으며, 우리보다 앞서 이 분야에서 큰 성과를 나타내고 있다.

다만 정부의 벤처기업에 대한 지원이 오히려 벤처기업의 발전을 저해하는 일이 없도록 벤처기업 육성정책과 제도를 경제 여건의 변화에 맞추어 끊임없이 개선해 나가야 할 것이다.

이런 맥락에서 볼 때, 벤처기업의 요건을 비롯한 각종 지원 제도는 벤처기업의 경영 여건과 발전 수준에 맞추어 개선하되, 벤처기업의 자율성을 높이기 위하여 정부의 개입과 지원은 가급적 축소하고 시장기능을 확대하는 방향으로 수정 보완해 나가야 할 것으로 생각한다. (2000. 10)

5. 미국형 벤처, 한국형 벤처

오래전에 독재정권에 항의하는 학생 데모대들이 내건 현수막에 이것이 한국형 민주주의냐?고 쓰여 있던 것이 기억난다.

한국의 정치현실이 선진 민주국가와 다르기 때문에 여러 가지 제약이 불가피하다는 당국자의 주장에 항의하는 문구로 이해하였다.

벤처산업 또는 벤처기업이라는 용어도 미국에서 시작된 것으로 우리나라의 제반 여건이 미국과 많이 다르기 때문에 우리 벤처기업을 실리콘밸리의 벤처기업과 구분하여 편의상 한국형 벤처기업이라 부르고자 한다.

여기에는 정치적 의미는 전혀 없기 때문에 한국형 민주주의의 경우처럼 독자들이 항의하는 일은 없을 것으로 생각한다.

벤처기업은 일반적으로 고위험, 고수익(high-risk, high-return)을 특징으로 하여 새로운 기술과 아이디어로 승부하는 기업이기 때문에, 실패할 가능성이 크지만 일단 신기술이나 신제품으로 성공할 경우 초기에 시장을 선점할 수 있기 때문에 높은 수익을 기대할 수 있는 것이다.

미국의 경우 실리콘밸리를 중심으로 치열한 경쟁을 뿌리치고 하루에도 여러 명의 성공한 백만장자 벤처기업가가 등장하는가 하면, 수많은 기업들이 소리도 없이 도태되어 사라지고 있다고 한다.

미국 중소기업 관련통계에 의하면, 벤처가 아닌 일반 중소기업도 5개 기업이 창업하면 5년 이내에 그 중 4개가 실패하여 없어진다고 한다. 기업이 망하지 않고 살아남는 것 자체가 그 만큼 어렵다는 이야기이니, 사업에 성공하기가 얼마나 어려운 일인가를 짐작할 수 있다.

우리나라는 벤처기업을 기술 및 지식집약적 중소기업으로 법령에 규정하고 있으며, 벤처기업을 육성하기 위해 각종 육성시책을 마련하여 적극 지원하고 있다. 우리나라 벤처기업, 즉 한국형 벤처기업은 벤처기업의 본산이라 할 수 있는 미국 벤처기업과 비교해 볼 때 높은 위험, 높은 수익(high risk, high return)보다는 낮은 위험, 중간 수준의 수익(low-risk, mid-return)을 올리는 기업이 아닌가 생각한다.

그 이유는 첫째, 우리나라 시장이 미국시장에 비해 규모에서 큰 차이가 나기 때문에, 미국의 경우처럼 새로운 기술이나 아이디어로 단기간에 엄청난 수익을 올리기는 어렵기 때문이다. 새로운 기술이나 제품으로 국내시장에 진출할 경우 일반 중소기업에 비해 높은 수익을 기대할 수 있겠으나, 미국의 벤처기업에 비해서는 수익규모가 작을 것이 분명하다.

둘째, 미국의 경우 새로운 기술이 개발될 경우 그것이 세계적인 신기술과 제품으로 직결되는 것이지만, 우리의 경우 세계적인 신기술과 신제품을 배출하기에는 아직도 기술과 산업의 기반이 선진국에 비해 상대적으로 취약한 것이 사실이다.

골프의 경우에도 박세리, 김미현 선수와 같이 미국 LPGA투어에서 특별히 두각을 나타내는 선수가 있지만, 전반적으로 우리의 골프 선수층이 엷고 기반이 아직 취약해 한국의 챔피언이 되었다고 해서 바로 세계 챔피언이 되는 것은 아니지 않는가? 즉, 우리의 신기술, 신제품은 우리가 지금까지 보유하지 못한 기술, 수입에 의존하던 제품을 국내에서 독자적으로 개발하여 수입을 대체하는 경우가 대부분으로 이것만으로도 정말 고맙고 대견한 일이다.

따라서 우리나라 벤처기업은 미국의 실리콘밸리에서 성공한 벤처기업처럼 엄청난 수익을 올리는 것은 아니지만, 또한 실패의 위험도 그만큼 낮다고 할 수 있다.

한국형 벤처기업은 그런 의미에서 실제 우량중소기업의 개념에 가깝기 때문에, 일반 중소기업에 비해 도산하는 경우가 적고, 지금까지 조사된 결과를 보더라도, 경영성과가 일반 중소기업에 비해 훨씬 양호하게 나타나고 있다.

이와 같이 우리나라의 벤처기업 육성정책은 기술력 있는 우수중소기업을 발굴하여 이들이 세계적인 기업으로 성장하도록 뒷받침하는 데 정책의 1차적인 목표를 두고 있기 때문에, 벤처기업의 범위를 크게 확대해서 관련법규에 규정하고 있는 것이다. 즉, 벤처기업의 범위를 크게 넓혀 어느 정도의 기술력을 갖춘 우량 중소기업에 해당하면 벤처기업에 포함시켜 정부의 각종 지원을 받도록 하고 있다.

그러나 이러한 한국형 벤처기업의 범위에 대해 여러 가지 지적과 비판이 있을 수 있다. 이 문제는 한국경제와 중소기업이 처해 있는 현실과 상황을 어떻게 인식하고 이와 같은 인식을 바탕으로 중소기업과 벤처기업을 장기적으로 어떻게 육성할 것이냐 하는 방법론에서 그 해답을 찾아야 할 것으로 생각한다.

필자의 견해로는, 벤처기업에 대한 현행 제도가 아직 시행된 지 얼마 되지 않기 때문에 현행 벤처기업의 인정범위를 비롯한 전반적인 지원제도를 당분간 유지하면서 여러 가지 개선방안을 검토해 보는 것이 어떨까 생각한다.

또한 한국형 벤처기업도 궁극적으로는 글로벌 경쟁 속에서 발전해야 하기 때문에 중장기적으로 글로벌 벤처기업으로의 발전을 지향해야 한다.

정부의 벤처기업에 대한 지원도 벤처기업의 기술개발과 경영여건 그리고 관련 인프라가 어느 정도 갖추어지면 단계적으로 줄여 나가야 할 것으로 생각한다. (1999. 11)

6. 패기가 있어야 성공이 보인다.

　　벤처기업의 주요 특징 중의 하나가 벤처기업을 창업하고 경영하는 사람들의 나이가 매우 젊다는 사실이다.

　　미국의 대표적인 벤처기업인인 빌 게이츠(Bill Gates)나 제리 양(Jerry Yang), 레리 엘리슨(Larry Ellison) 등이 모두 젊은 나이에 창업했다는 것은 주지의 사실이며, 우리나라의 경우에도 이민화, 장흥순, 변대규, 김형순(존칭생략) 등 대표적 벤처기업인들이 학업을 끝내자마자 바로 창업에 뛰어든 경우이다. 물론 미래산업을 창업한 정문술씨처럼 늦깎이 창업으로 크게 성공한 분들도 많다.

　　그러나 벤처기업의 특징이 그야말로 높은 실패의 위험을 감수해야하고 또한 피말리는 기술과 아이디어 경쟁에서 남들보다 한 걸음 앞서야 하기 때문에, 체력과 정신력이 왕성한 젊은 세대가 중장년층보다 절대 유리할 것이다.

　　최근 중소기업청이 벤처기업인의 연령을 조사한 바에 의하면, 40대 벤처기업인이 가장 많고 30대와 50대가 그 다음 연령층을 형성하고 있다.

　　이것은 우리나라의 벤처기업이 아직은 우량중소기업의 범주

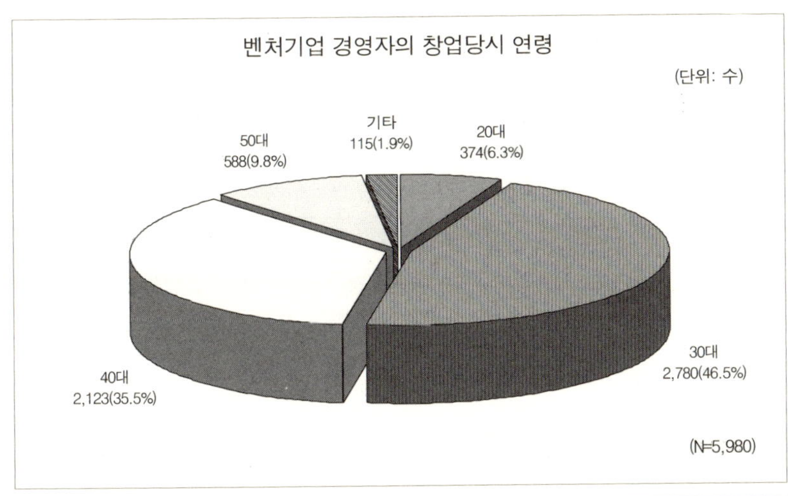

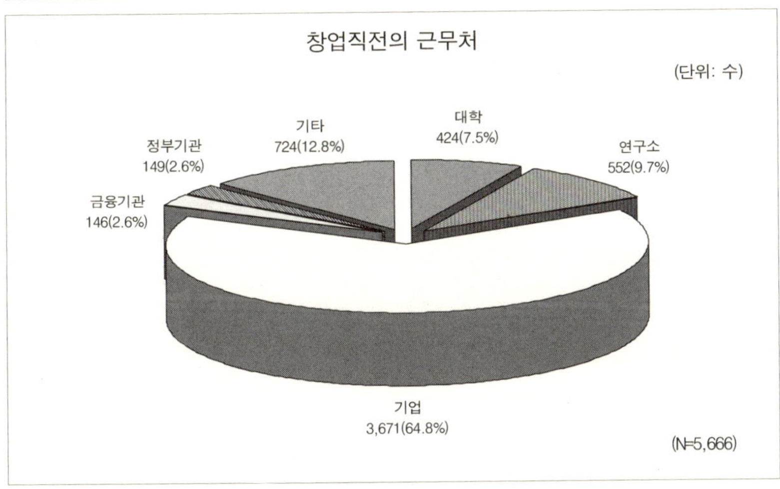

자료: 벤처백서(2000. 10).

에 머물러 있기 때문에, 기업을 창업하여 어느 정도의 기간이 경과하여 기업의 안정과 성장이 확보된 기업들이 벤처기업의 주류를 형성하고 있기 때문이다.

그러나 앞으로 벤처기업의 창업이 더욱 활발해지고 세계시장과의 연계가 더욱 긴밀해져 벤처기업간의 대내외 경쟁이 더욱 치열해질 경우 보다 패기만만한 젊은 벤처기업인들의 창업과 진출이 확대될 것으로 전망된다.

이미 벤처캐피탈에서 벤처기업에 대한 투자를 심사할 때 대표자의 나이가 너무 많으면 불리한 평가를 주는 경우가 있다고 하니, 벤처기업을 창업하려는 이는 더 늦기 전에 창업을 서둘러야 하겠다. (1999. 11)

7. 정보통신, 인터넷만 벤처인가?

최근 정부가 벤처기업 육성을 강조하고 매스컴도 지면과 방송시간을 크게 할애하여 연일 벤처에 관한 기사를 쏟아내고 있다.

이와 같은 관심의 초점이 되고 있는 정보통신과 인터넷 등 이른바 인기종목에 종사하는 분들은 기분이 좋지만, 비인기종목이라고 할 수 있는 제조업분야의 중소기업인들은 심기가 별로 좋지 않다.

그렇다면 정보통신, 인터넷기업만 벤처기업인가? 벤처기업의 내용을 자세히 들여다보면 실제는 그렇지 않다.

2000년 12월 말 현재 중소기업청이 확인한 9,800여 개 벤처기업 중 정보통신, 컴퓨터, 인터넷 등의 분야는 전체의 32%에 해당하는 3,000여 개에 불과하고, 제조업분야의 벤처기업이 6,800여 개가 넘어 전체의 69%를 차지하고 있다. 일반인들의 인식과는 달리 우리나라 벤처기업의 주류는 제조업 벤처기업이라고 할 수 있다.

앞에서 지적한 바와 같이, 우리나라의 벤처기업은 기술력있는 우량중소기업의 범주에 머물러 있기 때문에, 오랜 기간 상당한 경영기반을 갖춘 제조업분야의 중소기업이 벤처기업의 다수를 점

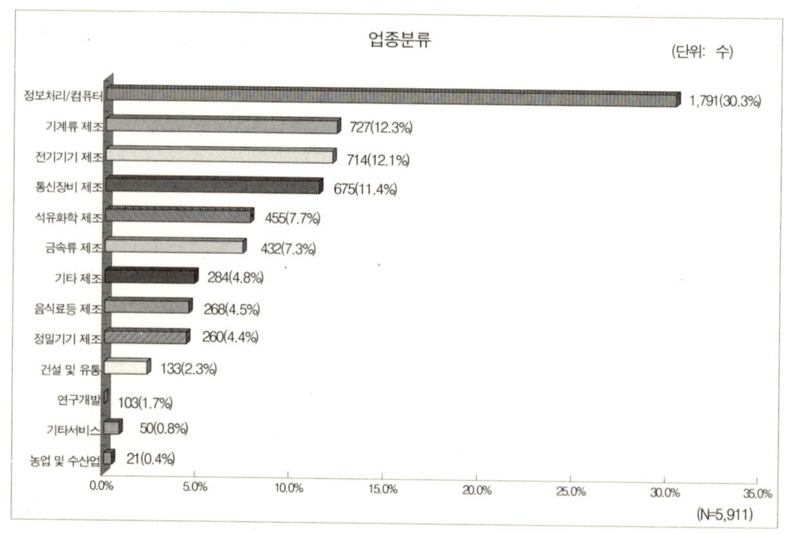

자료: 벤처백서(2000. 10).

하고 있는 것은 어쩌면 당연한 일인지도 모른다.

그러나 현실적으로 우리 경제는 부품과 소재, 자본재의 대부분을 주로 일본 등 선진국으로부터의 수입에 의존하고 있으므로, 만성적인 자본재 무역적자로 어려움을 겪고 있다.

이런 실정에서 우수한 부품, 소재, 기계를 생산하는 벤처기업들이 대거 등장하여 수입대체를 촉진하여 무역수지 균형에 기여한다는 것은 정말 바람직스러운 일이 아닐 수 없다.

정부는 벤처기업의 대상업종을 일부 사치유흥업종을 제외한 전업종으로 개방하여 모든 분야에서 새로운 기술과 아이디어를 접목한 우수한 벤처기업이 배출되도록 유도하고 있다.

따라서 벤처는 결코 정보통신이나 인터넷 등 일부 업종에 국한된 것이 아니다.

　　그러나 장기적으로 한국 벤처기업이 글로벌 시대의 세계적 벤처기업으로 발돋움하기 위해서는 21세기 유망분야라고 일컬어지는 정보통신, 인터넷, 생명공학 등의 분야로 보다 활발히 진출해야 할 것으로 생각한다. (2000. 12)

8. 벤처기업의 동반자, 창업투자회사

필자가 실리콘밸리를 방문했을 때 파악한 것 중의 하나가 실리콘밸리의 양대 주역은 벤처기업과 벤처캐피탈(투자회사)이라는 사실이다.

박세리의 성공에는 삼성이라는 든든한 스폰서가 있고, 오늘의 박찬호가 있게 한 것은 동물적 감각을 가지고 그를 스카우트한 야구전문가와 박선수를 재정적으로 뒷받침한 구단이 아니겠는가?

무명의 벤처기업을 떡잎부터 알아보고 창업 초기에 자금을 공급하는 벤처캐피탈의 펀드매니저야말로 벤처기업인과 더불어 실리콘밸리를 움직이는 또 하나의 주역이라고 하겠다.

실리콘밸리는 야심만만한 젊은 벤처지망생과 벤처기업인들, 그리고 이들을 상대로 옥석을 가려 유망한 기업에 자금을 대주는 펀드매니저들이 어울려 있는 커다란 휴먼네트워크라고 할 수 있다.

실리콘밸리를 방문했을 때 그곳에서 큰 성공을 거둔 대만계 벤처캐피탈의 대표를 만나 투자성공의 비결을 물어본 적이 있다.

그는 미국에 오기 전에 대만에서 상당기간 전자회사에 근무했다고 하면서, 그때 체득한 지식과 경험이 벤처투자를 결정할 때

많은 도움이 되었다고 하였다.

산업과 제품에 대한 지식과 경험이 성공적인 벤처투자결정에 도움이 되었다는 것으로, 우리나라 벤처캐피탈(창업투자회사)에 주로 금융분야에서 경험을 쌓은 이들이 재직하고 있는 것과는 대조적이었다.

벤처기업이 있는 곳에 벤처캐피탈이 있다.

벤처기업을 창업하려는 사람들은 기술이나 아이디어는 있으나 돈이 없는 사람들이 대부분이다. 따라서 이들이 제시하는 사업계획서를 제대로 평가하고 우수한 창업자에게 자금을 대주는 벤처캐피탈이 벤처기업의 창업과 발전에 있어 절대적으로 필요한 존재이자 동반자라고 할 수 있다.

정부는 지난 86년에 「중소기업 창업지원법」을 제정하여 벤처캐피탈(창업투자회사)을 설립하기 위한 법적 근거를 마련하였다.

한편, 여신전문금융업법에 근거하여 설립된 회사들은 주로 리스나 금융업무를 하는 회사들이 많지만 케이티비네트워크(KTB Network)를 비롯하여 벤처투자를 활발히 하고 있는 회사들도 있어 우리나라의 벤처캐피탈은 창업투자회사와 신기술금융회사로 2원화되어 있다고 할 수 있다.

여하튼, 벤처투자의 주류를 이루고 있는 창업투자회사는 이제 제도가 생긴 지 15여 년이 경과하였지만 필자가 97년 말에 중소기업청장에 부임해서 보니 창업투자회사들은 전반적으로 경영이 매우 어려운 실정이었다.

대부분의 창업투자회사가 벤처 불모지대에서 중소기업에 무리하게 투자하다 보니 수익은 커녕 원금도 보전하기 어려운 지경이었고, 투자수익보다는 대출이자 또는 예금수익으로 겨우 명맥을 유지하고 있는 형편이었다.

또한 창업투자회사는 관련 규정상 규제가 많아 신기술금융회사에 비하여 업무영역에도 제약이 따르는 등 불리한 점이 있어 당시 일부 창업투자회사는 신기술금융회사로의 전업을 고려하고 있을 정도였다.

한편, 일부 벤처투자에 사명감을 갖고 나선 창업투자회사도 IMF의 한파로 보유하고 있던 투자주식이 휴지조각이 되어 망연자실한 표정이었고, 금융기관에서 평생을 보내고 퇴직 전 마지막 포스트로서 창업투자회사의 대표로 부임했던 일부 사장들도 경영부진으로 얼마 못 있어 보따리를 싸는 형편이었다.

그러나 세상 만사가 그렇듯이, 이제는 모든 것이 끝났다는 순간에 새로운 희망과 기회가 나타나는 것이 아닌가? 아마도 너무 일찍 보따리를 쌌던 이들은 99년의 코스닥 호황기에 많은 후회를 했을 것이다. 99년 하반기부터 코스닥시장이 회복되고 벤처산업에 활기가 살아나자 창업투자회사의 형편도 금방 달라졌다.

최근 들어 코스닥의 주가가 많이 빠지고 창업투자회사의 경영여건이 다시 어려워지고 있다고는 하지만, 그래도 대부분의 창업투자회사가 부도 직전까지 몰렸던 IMF 외환위기 때보다는 형편이 더 나빠지는 않을 것이다.

벤처기업을 살리고 육성하기 위해서는 벤처기업에 투자자금을 공급하는 창업투자회사가 다시 활기를 되찾아야 한다.

중소기업청 자료에 의하면, 2000년 12월 말 현재 우리나라에는 150여 개의 창업투자회사가 중소기업청에 등록되어 영업중에 있

<표 2> 창업투자회사 및 투자재원 추이

(단위: 개, 억 원)

구 분	97	98	99	2000. 12
창업투자회사 (자본금)	60 (8,792)	72 (10,263)	87 (12,400)	147 (21,391)
창업투자조합 (결성액)	84 (8,685)	93 (9,200)	149 (10,722)	323 (23,382)
재정융자	878	2,284	4,796	4,762
합 계	18,355	21,747	27,918	49,535

자료: 중소기업청(2001).

고, 이들이 결성한 창업투자조합을 합쳐 운용하고 있는 순수한 투자재원만도 약 5조 원에 달하고 있으며, 이들이 지난 상반기까지 창업 및 벤처기업에 투자한 금액도 2조 4,600억 원을 넘는바, 코스닥 활황세에 힘입어 활발한 투자를 한 것으로 분석되고 있다.

더구나 99년 초부터는 창업투자회사의 자금사정이 호전됨에 따라 주로 자체자금이나 투자조합을 구성하여 투자자금을 조성하고 있으나, 98년 말까지는 자금조성이 어려워 정부에서 창업투자회사에 상당액의 투자자금을 대여하였는바, 그 결과 현재도 재정자금이 창투사 투자재원의 약 10% 이상을 차지하고 있다.

벤처기업인과 창업투자회사 업계대표들이 함께 모인 자리에서 간담회를 가진 적이 있는데, 양 업계가 누구보다 상호 긴밀하게 협력해야 하는 관계임에도 불구하고, 기대와는 달리 양 업계간에 많은 불만과 갈등이 있음을 알게 되었다.

벤처기업인들은 창업투자회사가 너무 투자이익의 회수에 집착하여 벤처기업의 자금애로를 몰라준다는 것이었고, 창업투자회사들은 어려운 시기에 벤처기업에 대해 과감하게 지원을 해주었는데 벤처기업이 어느 정도 성공하면 지난 날의 지원에 대한 은공을 잊고 자기 이익만 챙기려 든다는 것이었다.

우리나라는 벤처기업과 벤처캐피탈의 역사가 모두 일천하여 이 분야에서 아직 아름다운 상생의 문화가 형성되지 못한 탓이라 생각되지만, 벤처산업의 발전을 위하여 불가분의 관계에 있는 양 업계가 서로 이해하고 협력하는 분위기를 조속히 형성해 나가야 할 것으로 생각한다.

아울러 사이비 벤처기업을 이용하여 부당하게 한 건 잡으려는 건전하지 못한 창업투자회사들이 시장에 발붙이지 못하도록 관계 당국의 철저한 감독과 아울러 업계의 자율적인 감시노력이 강화되어야 할 것이다. (2000. 9)

Ⅱ

벤처선진국으로부터 배우자

9. 실리콘밸리에서 배우는 교훈

필자가 현직에 있을 때 미국을 가끔 방문하였으나 주로 워싱턴에서 USTR 등 미 행정부의 관리들을 만나는 일이 대부분으로 미국 서부지역을 찾는 일은 드물었다.

그러나 지난 98년 5월에 대통령 미국 방문을 계기로 마련된 대미투자유치사절단과 함께 LA와 샌프란시스코를 방문하는 기회가 있어 오랫동안 별렀던 실리콘밸리를 방문하여 벤처기업, 벤처캐피탈회사 몇 군데를 둘러보고 현지 인사들도 만나는 기회를 가졌다.

실리콘밸리의 현장을 돌면서 어떻게 하면 이제 막 시동을 걸고 있는 한국의 벤처산업이 거의 1세기의 역사를 갖고 있는 미국의 벤처산업을 따라잡을 수 있을까 하고 같이 동행하였던 다우기술의 김익래 회장 등 벤처기업 대표들과 함께 고민하였던 기억이 새롭다.

한국의 많은 벤처기업인들은 기회만 있으면 실리콘밸리를 다녀온다. 기업인들이 실리콘밸리를 찾는 이유를 물어보면 특별한 상담건이 없더라도 실리콘밸리를 방문하여 여기저기 둘러보고 이 사람 저 사람을 만나고 나면 벤처기업의 최근 동향에 대한 귀중한 지식과 정보를 얻을 수 있다는 것이다.

일반인들도 벤처기업이라고 하면 가장 먼저 생각나는 것 중의 하나가 미국의 실리콘밸리일 정도로 실리콘밸리는 이제 벤처기업의 세계적인 메카로서 자리잡고 있다.

로마는 하루 아침에 이루어지지 않았다는 말이 있듯이, 실리콘밸리의 역사를 살펴보면 오랜 연륜 속에서 기업인과 과학자, 교수와 금융인 등 수많은 선각자들이 미국 벤처기업의 발전을 위해 헌신하였음을 알 수 있다.

실리콘밸리의 역사는 1891년에 미국의 상원의원이던 릴랜드 스탠포드(Leland Stanford)가 팔로알토(Palo Alto)에 스탠포드대학을 설립한 때부터 시작되었다고 할 수 있다.

스탠포드 상원의원은 대학을 창건함에 있어 오직 학문 그 자체만을 중시하는 기존의 대학에서 탈피하여 지역경제 발전에 실질적으로 기여할 수 있는 실천적인 교육과 연구를 하도록 대학에 주문하였는데, 이는 일찍이 산·학 협력의 중요성을 예견한 선각자적인 안목이었다고 생각된다. 실리콘밸리 벤처기업 제1호로 일컬어지는 휴렛패커드(Hewlett Pachard)사의 경우 지금부터 62년 전인 1939년에 창업하였다.

우리나라는 지난 97년에 들어서 정부가 처음으로 벤처기업 육성정책을 수립하고 벤처기업에 관한 기본법이라고 할 수 있는 「벤처기업육성에 관한 특별조치법」을 제정하였으니, 미국에 비해 그야말로 신생벤처국이라 아니할 수 없다.

동 특별법을 제정할 당시 벤처에 해당하는 적당한 우리말이 벤처라는 단어를 법문에 그대로 사용하였더니, 우리나라의 법률명칭에 외국어를 그대로 사용할 수 있는지에 대해 정부 내에서 논란을 벌인 일은 하나의 에피소드가 아닐 수 없다.

　실리콘밸리의 역사는 50년대 소련의 스푸트니크 인공위성 발사로 촉발된 미국과 소련간의 우주항공부문 경쟁 가열로 추진된 대규모 NASA프로젝트에 참여했던 교수, 연구원, 대기업의 임직원들이 프로젝트가 끝난 후 관련 연구분야에서 연구한 결과를 토대로 벤처기업을 설립했던 시기를 제1단계로 보고 있다.

　제2단계는 반도체가 개발되어 70여 개의 반도체 관련기업이 설립된 시기(실리콘밸리라는 이름을 얻게 된 것도 이 시기임)이며, 80년대 들어 컴퓨터, 유전공학, 인터넷 관련기업들이 대거 설립된 제3단계를 거쳐 전자상거래 등을 비롯한 정보기술의 발달로 90년대 후반부터 제4단계로 접어들고 있다고 한다.

　이와 같이 실리콘밸리는 미국 벤처기업의 요람으로 반도체,

<표 3> 실리콘밸리의 변천모습

구 분	도시시설 형성기	반도체산업 주도기	소프트웨어 성장기
연 대	~1960년대	~1980년대	~1990년대 초
주도산업	군수산업	반도체산업 PC산업	소프트웨어산업 멀티미디어산업
발전동인	군수수요 스텐포드대학 주정부 역할	기업간네트웍	정보고속도로 인터넷기업간 네트워크
기반시설	산학협동기반 기후 등 자연조건	기업협회 기업서비스조직	벤처캐피탈 경영서비스조직
첨단기업수 및 고용인원	107개 17,000여명	830개 11만 6천여 명	3,200개 26만 7천여 명

컴퓨터, 인터넷 등의 새로운 기술혁신을 주도하면서 오랜 기간 지속적으로 발전해 왔다.

누군가가 미국을 방문하던 중에 그 유명한 실리콘밸리를 꼭 보고 가야겠다고 작정을 하고 샌프란시스코와 스탠포드대학 주변을 아무리 다녀보아도 실리콘밸리라는 표지판을 찾을 수 없었다는 우스개 이야기가 있다.

필자도 이전에 샌프란시스코를 몇 차례 방문하였으나 그때마다 실리콘밸리가 정확하게 어느 지역에 해당하는지 의아해하곤 했다. 실리콘밸리는 대체로 샌프란시스코 남쪽 스탠포드대학이 소재하고 있는 팔로알토(Palo Alto)와 산호제(San Jose)시 인근지역을 지칭하였으나, 최근 이 지역 벤처기업의 급속한 발전으로 실리콘밸리의 권역이 확산되고 있다고 한다.

실리콘밸리는 경제규모가 세계 12위권 수준이라고 하니 거의 우리나라 전체 경제규모와 비슷하며, 약 25만 명의 백만장자가 이 지역에 거주하고 있다고 한다.

특히 이 지역에는 스탠포드, 버클리 등 10여 개의 명문 대학이 소재하고 있으며 100여 개가 넘는 벤처캐피탈 그리고 수많은 창업보육센타가 벤처기업의 창업과 성장을 뒷받침하고 있다.

또한 7,000여 개의 반도체, 컴퓨터, 인터넷 기업이 소재하고 있으며 세계 100대 기업의 20%가 이곳에 본사를 두고 있고, 미국 전체 벤처투자자금의 약 40% 이상을 실리콘밸리가 유치하고 있다고 하니, 그야말로 세계 첨단산업의 중심지라고 할만하다.

세상 모든 일이 그렇듯이, 미국경제의 장기호황과 실리콘밸리의 놀라운 발전이 어디 저절로 쉽게 이루어졌겠는가?

　　미국은 지난 80년대 말까지 대규모 무역적자와 재정적자, 이른바 쌍둥이 적자에 계속 시달리면서 일본의 도전으로 자동차, 전자 등 주요 산업이 어려움을 겪었었다.

　　레이건정부에 이어 클리턴(Clinton)정부가 들어서서 동부의 뉴욕 월스트리트를 중심으로 포진한 막강한 금융산업과 서부의 실리콘밸리를 중심으로 한 벤처산업의 발전에 힘입어 미국은 일본과 유럽을 누르고 세계 제1의 경제대국으로 당당히 복귀하는 데 성공하였다.

　　미국의 금융산업이 규모나 경쟁력에 있어서 세계 제1의 위치를 오랫동안 지켜온 것은 주지의 사실이나 반도체, 컴퓨터, 인터넷 등 이른바 기술혁신이 급속히 진행되고 있는 분야에서조차 미국이 일본, 유럽 등 경쟁국을 따돌릴 수 있었던 것은 그 나름대로 충분한 이유가 있지 않았겠는가?

　　미국은 자동차, 전자, 기계 등 주요 제조업분야에서 대기업들이 뼈를 깎는 구조조정에 성공함으로써 일본, 유럽과 힘겨운 경쟁을 벌여왔던 이들 제조업 분야의 쇠퇴를 일거에 만회하였다

　　또한 실리콘밸리를 중심으로 벤처기업의 육성에 성공하여 고용창출과 기술혁신에 큰 성과를 거둠으로써 클린턴 정부는 10년에 걸친 경제호황을 구가하였다.

　　우리나라 벤처기업들이 대부분 10년 미만의 어린 나무라고 한다면, 미국의 벤처기업은 그야말로 고색창연한 냄새가 물씬나는 연륜이 오래 쌓인, 그러나 아직도 튼튼한 몸통으로 새로운 가지와 잎과 꽃을 피우는 거목과 같은 느낌을 준다.

　　미국의 벤처기업의 효시라고 일컬어지고 잇는 휴렛팩커드사

만 하더라도 60년 이상의 역사를 가지고 있고, 여타 벤처기업들도 50년대부터 우주항공산업과 반도체, 컴퓨터의 기술혁신을 주도하면서 꾸준히 발전해 온 것이다.

그러나 실리콘밸리를 중심으로 미국의 벤처산업이 본격적으로 각광을 받게 된 것은 역시 중후장대한 굴뚝산업들이 힘을 잃기 시작하고 반도체, 컴퓨터 등 경박단소의 제품들이 산업의 주역으로 등장한 70년대부터가 아닐까?

미국 벤처산업의 발전에는 미국 정부의 눈에 보이지 않는 지원이 있었다. 소프트웨어분야의 세계 최대 기업인 오라클(Oracle)사가 최초로 대규모 수주를 받은 것은 미국 CIA라고 한다.

이와 같이 미국 정부는 대학과 민간연구기관에 대한 엄청난 연구개발비 지원과 아울러 정부기관의 대규모 구매를 통해 벤처산업의 발전을 뒷받침하였던 것이다.

일반적으로 미국의 경제정책을 시장을 위주로 하는 자유방임경제로 이해하는 경우가 많으나, 미국 정부(연방정부와 주정부)와 의회 그리고 주요 기업 등 이른바 미국사회를 이끌어가는 주도세력의 장기적인 안목과 전략 그리고 이를 실현하기 위한 긴밀한 협력과 노력에 주목할 필요가 있다고 본다.

특히 스텐포드대학과 실리콘밸리의 예에서 보듯이, 미국 정부는 우수한 대학들과 연구기관에 엄청난 기술개발자금을 지원하고 이를 통해 대학과 기업간의 산학협력을 강화함으로써 신기술의 개발을 촉진하고 이들 기술을 바탕으로 우수한 벤처기업들을 대거 배출하고 있는 것이다.

미국 실리콘밸리의 경험을 타산지석으로 삼아 우리나라도

앞으로 벤처기업 발전을 위한 중장기전략을 수립하고 이를 실현하기 위한 의지와 능력을 갖춘 수많은 과학자, 교수, 벤처기업인, 벤처캐피탈리스트들이 등장하여 21세기에 한국 벤처산업을 꽃피우길 기대해 본다. (1999. 9)

10. 추락하는 인터넷 기업들

최근 언론보도에 의하면 경영난이 가중되고 있는 테헤란벨리의 대부분의 인터넷기업들은 이번 겨울을 어떻게 보낼지 걱정이라고 한다.

이와 같은 사정은 인터넷산업의 본고장인 미국의 경우도 마찬가지로, 실리콘밸리의 냉기류가 태평양을 건너 우리 인터넷 기업들의 가슴을 움츠리게 하고 있다고 볼 수 있다.

작년 2/4분기부터 미국 나스닥(NASDAQ)시장의 주가가 등락을 거듭하고 있고, 미국 인터넷기업의 대표주자라고 할 수 있는 빌 게이츠(Bill Gates)가 이끄는 마이크로 소프트(MS)사는 미국 독점금지법에 저촉되어 사법절차가 진행됨에 따라 관련기업들의 우려를 증폭시켰다. 또한 그동안 급성장 가도를 달려온 미국의 인터넷기업들에 대한 새로운 조명과 수익실현에 대한 의문이 증폭되자 이들 기업들의 성장에 급제동이 걸리고 있다.

필자가 지난 여름에 실리콘밸리를 방문하였을 때에도 인터넷기업에 대한 논의가 미국 매스컴에 연일 등장하였는데, 논의의 초점은 인터넷기업의 수익성과 과잉투자에 따른 유동성 확보 문제였다.

아마존(amazon.com)을 비롯한 미국의 주요 인터넷 기업들이 예상보다 저조한 수익을 나타내자 인터넷기업에 몰리던 엄청난 투자가 주춤하다가 오히려 빠져나가는 양상을 나타냄에 따라, 야심만만한 투자계획을 추진하던 이들 기업들의 자금확보에 비상이 걸린 것이다.

이러한 현상은 우리 벤처시장에도 즉각 파급되어 증시에서 인터넷기업들을 비롯한 벤처기업들의 주가가 년초에 비해 크게 하락하였다.

미국과 한국의 인터넷기업을 비롯한 벤처기업들이 현재 겪고 있는 구조조정이 얼마동안 어느 정도까지 진행될지 그 누구도 단언하기 어렵다. 미국의 한 전문가는 인터넷기업의 저간의 어려운 사정을 비유하여 샌프란시스코공항 상공에 무수한 인터넷기업들이 착륙신호를 기다리며 선회하고 있는데, 정말 운이 좋은 소수의 비행기만이 착륙허가가 나서 착륙할 수 있을 것이나 그렇지 못한 대부분의 기업들은 연료가 떨어져 추락하게 될 운명이라고 하였다.

즉, 기업의 수익성과 성장성에 있어 벤처캐피탈 등 외부로부터 추가 투자를 확보할 수 있는 최우량 기업들만이 당면한 유동성 문제를 해결하고 생존할 수 있을 것이라는 전망이다.

우리나라 인터넷기업을 비롯한 벤처기업들도 허리를 더욱 졸라매고 수익성을 제고하여 대내외적으로 어려운 시기를 슬기롭게 돌파해 나가야 하겠다. 지금의 어려운 구조조정의 시기를 이겨낼 수 있는 기업들만이 새로운 자신감과 탄탄한 경쟁력으로 성장가도를 질주하게 될 것이다. (2000. 10)

11. 벤처강국으로 발전한 이스라엘

이스라엘은 예루살렘을 수도로 둔 인구 594만의 자그만한 유태국가이다.

이스라엘이라고 하면 먼저 떠오르는 것은 그리스도교의 성지인 예루살렘을 중심으로 아랍국가들과의 끊임없는 분쟁과 갈등 속에서 국가존립을 위해 몸부림치고 있는 작은 나라의 모습이다.

이스라엘에 좀 더 관심을 갖고 있는 사람이라면 이스라엘이 키부츠(Kibutz)라는 협동농장을 중심으로 황무지였던 네게브(Negev) 사막을 개간하고 물을 공급하여 사막을 농지와 과수원으로 바꾸는 기적에 성공한 나라로 인식하는 정도일 것이다.

그러나 오늘의 이스라엘은 벤처산업을 국가 전략산업으로 육성하여 세계에서 가장 성공한 나라로 국제사회에서 인정받고 있다.

벤처기업의 국제적인 등용문이라고 할 수 있는 미국의 나스닥시장에 미국, 캐나다 다음으로 많은 86개의 이스라엘 기업들이 상장되어 있는 사실만으로도 이스라엘 벤처산업의 성공을 한마디로 입증해 주고 있다.

<표 4> 주요 국가의 나스닥 등록기업수(2000. 11)

(단위: 개)

국가명	등록기업수	국가명	등록기업수
캐나다	133	이스라엘	86
영국	55	네덜란드	25
호주	13	일본	18
남아공	9	스웨덴	13
싱가포르	6	프랑스	14
그리스	5	독일	8

자료: www.nasdaq.com에서 발췌.
주: 이스라엘의 경우 미국에 본사를 둔 기업까지 포함하면 130여 개.

앞에서 소개한 이종문 회장도 필자에게 한국은 벤처산업 발전을 위해 미국의 사례보다 오히려 이스라엘의 벤처기업 육성전략을 연구하고 배워야 할 것이라고 충고한 바 있다.

이스라엘 정부는 구소련의 붕괴를 호기로 삼아 이곳에서 활동하던 유태인을 비롯한 러시아 과학자들을 대거 이스라엘로 유치하였다. 당시 구소련의 경제사정이 워낙 열악하였기 때문에 큰 비용을 들이지 않고서도 우수한 과학자들을 대거 유치할 수 있었다고 한다.

이종문 회장은 우리나라가 소련과의 외교관계 개선에 들인 노력과 비용의 일부만이라도 러시아 과학자 유치에 기울였다면 나라경제에 훨씬 큰 도움이 되었을 것이라면서 두고두고 아쉬워하였다.

이스라엘은 이와 같은 노력의 결과 현재 인구 1만 명당 과학

기술자가 140명(우리나라는 13명)으로 세계 2위인 미국의 두 배에
달하는 등 벤처기업의 핵심요소인 고급두뇌의 유치에 큰 성과를 거
두었다.

또한 이스라엘 정부는 벤처기업들을 창업초기에 지원하기
위해 공공벤처펀드인 요즈마펀드(YOZMA Fund)를 조성하여 큰 성
과를 거두고 있다.

그 밖에 이스라엘은 창업보육센타(Techno-Incubator)를 전국에
건립하여 이곳에 창업을 희망하는 예비기업인들을 입주시켜 기술
지원, 경영자문 등의 지원을 통해 성공적인 창업이 이루어지도록
지원함으로써 나스닥과 같은 국제시장에 당당히 진출할 수 있는 기
반을 구축하고 있다.

최근 우리나라와 이스라엘간에 벤처산업분야를 중심으로 민
관협력이 활성화됨에 따라 양국 정부 및 벤처기업간의 협력이 확대
되고 있다.

99년 말 중소기업청을 중심으로 이스라엘의 요즈마펀드를
벤치마킹하여 우리나라 최초의 공공벤처펀드인 코리아벤처펀드
(KVF)를 설립하여 운용하고 있으며, 요즈마펀드가 일부 자금을 직
접 출자하여 펀드운용에 공동참여하고 있는 것은 양국간 협력의 좋
은 예라 할 수 있다.

창업보육센터사업의 경우 우리나라도 그 중요성을 인식하기
시작한 지난 98년부터 본격적으로 추진한 결과, 현재 대학, 연구기
관을 중심으로 약 200여 개의 창업보육센터가 건립되어 벤처기업의
창업을 지원하고 있다.

작지만 강한 나라 벤처강국 이스라엘을 부러워만 할 것이 아

니라 비록 출발은 다소 늦었지만 우리도 차근차근 벤처기업의 기반
을 쌓아 올려 21세기에 세계가 부러워하는 벤처강국으로 부상하기
를 기대한다. (2000. 10)

12. 이스라엘의 YOZMA, 한국의 KVF

우리가 추구하고 있는 이상적인 국가 모델은 어떤 것인가?

선진각국들의 좋은 점들만을 모두 가져와 그야말로 세계에서 가장 살기 좋고 훌륭한 나라를 만드는 것이 어떻겠느냐는 대답은 너무 일반적이고 교과서적인 답변이다.

각국의 장점을 두루 받아들인다는 입장에서 볼 때 이스라엘이 여러 면에서 우리가 참고해야 할 장점이 많은 나라가 아닐까 생각한다. 이스라엘은 비록 작은 나라이지만 주변의 아랍국가들이 힘을 합쳐도 마음대로 어쩌지 못하는 막강한 군사력을 보유하고 있다.

물론 이스라엘로 인해 수천년을 살아온 삶의 근거지를 잃게 된 팔레스타인 난민들이 겪고 있는 고통이나 주변 아랍국가들의 고충을 생각하면 이 지역의 분쟁이 그리 간단한 문제가 아니다.

그럼에도 불구하고 이스라엘이 국토나 인구면에서 매우 작은 나라이면서도 강한 군사력을 바탕으로 주변 적대국가들에게 조금도 굽힘이 없이 버티고 있는 사실은 일본, 중국, 러시아 등 강대국들의 틈바구니에서 끊임없이 시달려온 우리의 입장에서 볼 때 관심을 끄는 나라임에 틀림없다.

우리의 주변국들을 살펴보면 인구 10억이 넘는 중국, 우리의 3배 가까운 1억 2천만(86년 통계)의 인구에 경제면에서 세계 최강을 자랑하는 일본, 많이 노쇠하였으나 아직도 주변국에 위협적인 핵군사대국 러시아, 어느 한 나라도 만만치가 않다.

소련의 붕괴로 미·소 양극체제는 무너졌으나 막강한 열강의 세력들이 한반도를 에워싸고 있는 것은 20세기 초반과 유사하다는 생각이 든다.

이스라엘은 아랍국가들이 감히 넘볼 수 없는 막강한 군사력을 보유한 나라인 것은 주지의 사실이지만, 이제는 벤처 강국으로 분류해야 할 정도로 벤처기업 육성에 성공한 나라인 것은 일반인에게 그리 잘 알려져 있지 않은 것 같다.

이스라엘 정부는 일찍이 벤처기업 육성을 위한 중장기계획을 수립하고 다각적인 노력을 기울여 큰 성과를 거두고 있다..

이스라엘 벤처산업의 성공요인 중의 하나로 지적되고 있는 요즈마펀드(YOZMA Fund)는 벤처기업의 창업을 지원하기 위해 이스라엘 정부가 최초 1억 달러를 출자하여 만든 국영벤처펀드이다.

요즈마펀드는 벤처기업 발전에 있어 큰 성과를 거두어 제2호, 제3호 펀드로 확대되었고 미국을 비롯한 국내외의 많은 투자자금을 확보하는 계기를 마련하였다.

요즈마는 히브리어어로 초기(Initiative)라는 의미인데, 일반적으로 아무리 우수한 벤처기업이라 하더라도 창업초기에 필요한 자금을 확보하기가 쉽지 않기 때문에, 창업초기의 우수벤처기업에 대해 요즈마펀드에서 우선적으로 자금을 지원하고 민간투자를 유도함으로써 큰 성과를 거둔 것이다.

우리나라도 중소기업청이 중심이 되어 요즈마펀드를 집중 연구하고 이를 모델로 우리나라 최초의 공공벤처펀드인 한국벤처펀드(KVF)를 99년 9월에 출범시켜 현재 운용중에 있다.

처음하는 작업이라 일반 공무원들의 상식만으로는 펀드조성작업이 쉽지 않다고 판단되어 매킨지(Mckinsey)한국법인과 법무법인 세종의 도움을 받아 작업을 추진하였는데, 이 과정에서 특히 매켄지의 최정규 파트너와 법무법인 세종의 김두식 변호사가 헌신적으로 도와 주었다.

다행히 외국투자기관들이 큰 관심을 보여 KVF펀드총액 1,000억 원 중 50%에 해당하는 500억 원은 SSgA(미국), Vertex(싱가폴), 그리고 요즈마펀드 등 3개 외국투자기관이 출자하였다.

최고 수준의 국제 펀드매니저를 채용하여 모범적으로 운용함으로써 국내 벤처캐피탈에 학습효과를 전파시킨다는 취지로 펀드총액의 2.5%에 해당하는 거액을 관리보수로 지불하고 싱가폴 출신의 펀드매니저(Koh Keuk Chiang)를 채용하였는데, 최근 들리는 이야기로는 KVF는 국내 벤처캐피탈에 비해 투자심사가 매우 엄격하고 신중하다고 한다. 특히 펀드매니저가 외국인인 탓에 국내의 학연, 혈연, 지연이 없어 공정하고 객관적인 투자심사가 가능하고 따라서 한번 투자받게 되면 굉장한 공신력이 생겨 KVF의 투자를 받고자 하는 벤처기업이 줄을 서 있다고 한다.

국내 창투사가 활발해진 상황에서 더 이상 공공펀드는 무의미하지 않느냐는 지적도 있으나, 아무래도 민간펀드에서는 벤처기업의 창업 초기자금을 지원하기가 어렵기 때문에 아직 엔젤투자가 본격화되지 못한 우리의 형편상 공공펀드의 역할은 어느 정도 필요하다고 본다.

　　아울러 요즈마펀드와 마찬가지로 KVF는 민간펀드와 함께 콘소시엄 형태로 우수벤처를 지원할 수 있고, 민간투자자금을 유치하여 민·관 공동펀드를 조성하는 Fund of Funds 기능을 통해 국내의 벤처투자 자금을 증대시키는 효과도 거둘 수 있을 것이다.

　　또한 벤처캐피탈의 역사가 오래지 않은 우리의 입장에서 KVF가 성공적으로 운용될 경우 벤처캐피탈 업계가 선진 벤처투자의 운용기법을 학습하는 효과도 있지 않을까 기대하고 있다.

　　그 동안 정부가 부족한 재원으로 주로 벤처기업에 금융자금을 공급(융자)하던 방식을 탈피하여 공공펀드를 통해 투자지원을 하게 된 것은 우리나라 벤처사의 새로운 획을 긋는 계기임이 분명하고, 그런 의미에서 한국벤처펀드(KVF)의 성공을 기대하면서 관심 있게 지켜보고 있다. (1999. 12)

13. 기초가 튼튼한 일본의 벤처

최근 경제가 다소 어려워지고 있다고는 하지만 미국, 유럽과
더불어 세계경제의 주도권을 다투고 있는 경제대국 일본의 벤처산
업은 어떠한가?

아시아태평양경제회의(APEC)에서는 매년 중소기업각료급회
의를 개최하고 있는데, 우리나라는 중소기업청장이 정부 대표로 이
회의에 참석하고 있다.

중소기업 각료급회의지만 대부분의 회원국들이 각료급이 수
장인 별도의 중소기업 행정조직을 갖고 있지 않기 때문에 산업부
또는 무역부 등 중소기업 행정을 담당하고 있는 부처의 장관 또는
차관들이 주로 참석하고 있다.

필자가 중소기업청장으로 재임하던 지난 99년 회의는 뉴질
랜드에서 개최되었는데, 일본에서는 통산성 차관이 참석하였다.
한·일간은 역사적으로 미묘한 관계임에도 불구하고 필자의 경험
에 비추어 볼 때 경제현안에 대한 우리나라와 일본은 공식입장이
비슷한 경우가 많고 개인적으로는 서구인보다 친근감이 있기 때문
에 회의석상에서 일본대표와 가깝게 지내는 경우가 많다.

일본대표로 참석한 통산성 차관과는 여러 가지 많은 이야기를 나누었는데, 동 차관은 중소기업에 관해 언급하면서 중소기업은 대기업의 지원부서적인 성격을 띠고 있다고 필자에게 언급한 적이 있었다.

일본은 세계적으로 자랑할만한 우수한 기술과 품질을 보유한 중소기업이 많으며 중소기업 육성에 성공한 나라라고 알려져 있다. 그런데 일본정부의 고위관료가 중소기업을 대기업의 지원그룹(supporting group)정도로 인식하고 있다는 사실은 필자에게 상당히 충격적이었다.

동 차관으로부터, 대기업들이 해외에 진출하는 경우 대기업과 계열관계에 있는 중소기업들이 함께 진출하는 것을 염두에 두고 한 이야기라는 것을 나중에 부연설명으로 들었다.

그러나 당시에 중소벤처기업을 육성하여 대기업의 힘을 빌리지 않고 독자적인 기술과 상품으로 세계시장에 진출하는 문제를 고민하던 필자로서는 중소벤처기업 발전에 대해 일본정부가 그다지 적극적이지 않구나 하는 느낌을 지울 수가 없었다.

일전에 왜 일본은 벤처기업이 안 되는가? 라는 제목의 NHK 시사좌담회를 시청한 적이 있다.

이 좌담회의 토론 요지는 한마디로 일본 젊은이들이 새롭고 어려운 일에 도전하는 벤처정신(Entrepreneurship)이 부족하기 때문에 일본에서는 벤처기업의 창업이 활발하지 못하다는 것이었다.

그토록 어려웠던 외환위기 속에서, 그리고 지금도 우리나라 젊은이들의 드높기만 한 창업과 벤처열풍은 한편으로는 걱정스러우면서도 다른 한편으로는 우리에게 미래에 대한 큰 희망을 주고 있는 것이 사실이다.

최근 일본 정부도 벤처기업 육성을 위해 적극적인 노력을 기울이고 있으며, 일본 재계에서도 한국의 벤처를 공부하겠다고 관계 인사들이 연이어 내한하고 있다.

일본은 세계적인 기술대국이기 때문에 이미 벤처기업의 근간인 기술적 기반이 튼튼하게 갖추어져 있으므로 정부와 민간이 적극적인 자세로 벤처기업의 육성에 노력한다면 일본의 벤처산업은 어느 나라보다 빠른 속도로 성장할 것으로 예상된다.

최근의 보도에 의하면, 일본은 도꾜의 시부야지역을 비트벨리(Bit Valley)라 부르면서 이 지역을 중심으로 벤처산업이 확산되고 있다고 한다. 일본은 오랫동안 축적해온 기술력을 바탕으로 조용하면서도 치밀하게 일본인 특유의 신중함으로 벤처기업들을 발전시켜 나갈 것으로 전망된다. (2000. 8)

14. 선진각국의 첨단산업단지 조성

벤처기업을 육성하기 위해서는 벤처기업이 창업하고 성장하는 데 최적의 조건을 갖춘 공간을 조성하여 벤처기업에 제공하는 일이 무엇보다 중요하다고 본다.

그런 의미에서 정부가 벤처기업과 같은 기술집약적 기업을 육성하기 위해 우선적으로 해야될 일 중의 하나가 테크노파크(Techno-Park) 조성과 같은 일이 아닌가 생각한다.

테크노파크란 기업과 대학, 연구기관이 유기적인 협력을 도모하고 기술혁신을 촉진하기 위해 공동연구, 교육 및 훈련, 정보유통, 창업지원, 장비의 공동이용, 시험생산 등을 종합적으로 수행할 수 있도록 조성된 산업기술단지이다.

산업기술력이 바로 국가경쟁력의 핵심요소로 인식되는 상황에서 선진 각국은 경쟁적으로 테크노파크를 조성하여 기술혁신과 벤처기업 창업의 요람으로 발전시켜 나가고 있다.

80년대 이후 급격히 증가한 과학기술단지는 전 세계적으로 현재 약 1,200개가 조성되어 있다. 미국의 경우 1951년 스텐포드대학과 휴렛팩커드사가 중심이 되어 조성한 스탠포드산업단지를 시발

<표 5> 테크노파크 조성현황

구 분	송도TP	안산TP	대구TP	경북TP	광주TP	충남TP
사업비(억 원)	1,226	969	762	845	654	765
창업보육(개)	9	52	81	62	7	82
연구개발(건)	19	15	1	23	76	46
인력양성(명)	210	105	2,047	350	52	440
전담인력(명)	21	18	28	33	14	24
임시공간(평)	1,547	2,225	1,475	1,440	300	6,740

사업비는 국가(1개소 당 250억 원)와 지자체 공동부담.
자료: 산업자원부.

로 하여 모두 133개의 테크노파크를 조성 운영하고 있으며, 독일은 160개, 일본은 78개, 영국은 48개의 테크노파크를 조성 운영하고 있다.

우리나라는 산업자원부가 중심이 되어 지난 95년에 테크노파크 조성계획을 수립하고 98년에 관련법을 제정 공포하였으며, 현재 인천 송도, 경기 안산, 충남, 광주, 대구, 경북 등 6개 지역에서 테크노파크를 조성중에 있다.

테크노파크를 조성하는 가장 중요한 이유는 기술개발의 주체라고 할 수 있는 기업, 대학, 연구기관간에 불균형하게 분포되어 있는 기술자원을 한곳에 결집시키기 위한 것이다.

우리나라의 경우 전체 이공계 박사급 고급인력의 3/4이 대학에 재직하고 있는 반면에 기술개발자금의 3/4은 개발기술의 수요자라고 할 수 있는 기업이 집행하고 있다. 즉, 연구인력은 대학이, 기술자금은 기업이 보유하고 있는 셈이다.

우리나라의 기업, 특히 중소기업은 기술개발의 여건이 선진
국과 비교가 되지 않을 정도로 취약하여 기술인력, 연구설비, 기술
개발자금 등 기술여건을 나타내는 기술하부구조는 미국의 1/20, 일
본의 1/11수준에 불과하다.

기술기반이 취약한 기업의 입장에서 볼 때 우수한 연구인력
을 풍부하게 확보하고 있는 대학교수 및 연구원들과 같은 단지에서
함께 연구하고 대학의 고가실험장비도 이용하면서 기술개발을 추
진하는 것은 정말 고마운 일이고 또 기업발전에 큰 힘이 될 수 있다.

테크노파크는 그 규모에 따라 여러 가지 모습으로 조성되고
있는 데, 독일의 베를린 기술혁신센터나 일본의 가나가와 과학단지
는 빌딩을 지어 창업 및 연구공간으로 제공하는 빌딩형으로 볼 수
있고, 스텐포드나 영국 캠브리지 연구단지는 단지형태라고 할 수
있다.

한편, 대만의 신쥬 과학산업단지나 프랑스의 소피아안티폴리
스는 학술연구기능, 산업생산기능, 주거문화기능을 복합적으로 갖
춘 도시형태의 단지이다. 조성 주체도 각국의 여건에 따라 국가, 지
방자치단체 또는 대학이 주로 테크노파크 조성에 나서고 있는데,
우리나라의 경우에는 중앙정부, 지방자치단체, 대학, 기업이 모두
공동출자한 재단법인을 통하여 테크노파크 조성을 추진하고 있다.

대만의 신쥬 과학산업단지는 지난 80년에 단지를 조성하여
현재 150여 개의 기업이 입주해 있으며, 컴퓨터, 반도체분야의 외국
첨단기업도 36개 사가 입주해 있다. 대만정부는 미국 실리콘밸리에
있는 화교 엔지니어들을 유치하기 위하여 단지 주변의 생활환경 개
선을 위해서도 많은 노력을 기울였다고 한다.

특히 입주기업에 대해 5년간 법인세 면제, 수입원자재 관세 면제, 연구개발비의 50% 이내 보조금 지급 등 파격적인 지원조치를 실시하여 신쥬단지는 국제적으로 매우 성공적인 첨단산업단지로 널리 알려져 있다.

영국의 과학산업단지협회에서 발표한 자료에 의하면, 현재 조성된 세계 1,200개 과학기술단지 중 성공적인 것으로 평가되는 것은 절반에 불과하며, 단지조성 후 10년이 경과해야 그 성공 여부를 제대로 평가할 수 있다고 한다.

우리나라도 기술입국의 기치를 높이들고 6개 지역에 테크노파크를 건설하고 있다. 이들이 우리나라 산업기술개발의 메카인 동시에 벤처기업 창업의 요람이 될 수 있도록 정부는 10년 이상의 장기적인 안목을 가지고 지속적으로 지원해야 할 것이다. (2000. 4)

15. 휴렛팩커드사의 성공 스토리

호서대학교 교수로 재직중인 유영수 박사가 책을 한 권 보내왔다. 데이비드팩커드가 자서전 형식으로 쓴 휴렛팩커드 이야기(97년판, 중앙 M&B발행)로서 워낙 흥미롭고 재미있는 내용이어서 단숨에 끝까지 읽었다.

미국 실리콘밸리 제1호 벤처기업인의 자랑스러운 창업과 휴렛팩커드(HP)사의 성장발전을 기록한 내용이었다.

역자인 유박사는 휴렛팩커드사의 중앙연구소 책임연구원을 역임하였고, 창업자의 한 사람인 데이비드팩커드씨와도 교분이 있었기 때문에 책의 내용이 더욱 실감이 났다.

기왕에 말이 나왔으니까 유박사 이야기를 좀 더 하면, 유박사는 현재 선문대학교 공대교수 및 국제화상학회 한국 대표로 활약하고 있고 전자화상공학 분야에 15편의 특허를 가진 분이다. 필자에게 유교수를 소개한 분은 현 진념 재경부장관이다.

유교수는 선문대학교에서 후학을 가르치는 일뿐만 아니라 휴렛팩커드에서 근무한 경험을 토대로 후배 벤처기업인들을 실리콘밸리의 막강한 네트워크와 연결해 주는 일을 하겠다고 동분서주하고 있다.

미국에서의 남부럽지 않은 경력을 중단하고 조국에 돌아와 열심히 후학을 가르치고 국내 벤처기업인들을 돕겠다고 나서는 데 대해 무척 고마운 생각이 들었고 우리나라에 정말 숨은 인재가 많구나 하는 사실을 유교수를 통해 새삼 느꼈다.

휴렛팩커드 이야기를 읽고 우선 가슴에 와 닿는 것은 공동창업주인 빌휴렛과 데이비드팩커드가 평생토록 서로 간직한 우정이었다. 재산을 두고 부모 자식간에, 또는 형제간에도 분쟁이 있는 것이 다반사인데, 두 사람은 평생 동업자로서 힘을 모아 HP사의 발전을 위해 힘을 모아 일했다.

빌휴렛이 2차대전시 군에 복무할 때는 데이비드팩커드가 회사 경영을 맡았고, 데이비드가 국방차관직을 맡아 기업을 떠났을 때는 빌이 회사경영을 맡는 등 두 사람이 마지막으로 회사를 떠날 때까지 스텐포드 학창시절에 맺은 우정을 변함없이 지켰다.

또한 HP사가 기업이익을 대학과 사회에 환원하는 이야기를 읽고 미국의 벤처산업과 실리콘밸리 신화가 결코 쉽게 이루어진 것이 아님을 다시 한번 절감하였다.

두 사람은 스텐포드대학 없이 오늘의 휴렛팩커드사가 있을 수 없다면서 스텐포드대학에 무려 3억 달러가 넘는 금액을 기증하였다고 한다.

필자는 일전에 샌프란시스코시 남쪽에 위치한 몬트레이(Monterey)시에 있는 대형 수족관을 구경할 기회가 있었는데, 이 수족관은 휴렛팩커드사가 건립하여 몬트레이시에 기증한 것이다. 자연을 사랑하는 팩커드씨답게 웅대한 규모의 자연친화적 수족관을 감명깊게 둘러본 기억이 지금도 새롭다.

이 두 사람과 같이 기업가로서 투철한 의지와 사명감을 갖고 창업하여 세계적인 기업으로 발전시키고 나아가서 지역과 국가경제 발전에 이바지한 수많은 인물들이 오늘의 실리콘밸리와 미국경제를 만들었다고 생각한다.

휴렛팩커드사는 벤처기업답게 기업경영에 있어서 허례허식을 탈피하고 직원들이 자발적으로 업무에 최선을 다할 수 있도록 경영혁신을 도모하였다. 모든 직원을 인간으로서 존중하고 회사 사정이 허락하는 범위 내에서 최대한 처우를 개선하는 이른바 HP Way라는 새로운 경영방식을 도입 실시하였다.

HP사는 지난 99년 7월에 칼리 피오리나(46)라는 여성경영인을 영입하여 컴퓨터, 프린터 등의 제조업 중심에서 소프트웨어와 컨설팅사업을 접목시키는 데 큰 성과를 거두고 있다고 한다.

최근 우리나라의 벤처기업인들이 앞장서서 형식과 허례를 내던지고 능률과 내실을 중시하는 새로운 기업문화를 만들기 위해 노력하고 있는 것은 만시지탄이 있으나 다행한 일이 아닐 수 없다.

우리나라도 최근 유능하고 의욕에 충만한 많은 벤처기업인이 등장하고 있다. 이들 가운데 빌휴렛과 데이비드팩커드와 같은 존경받는 기업인이 많이 배출되기를 기대한다.

한국의 젊은 벤처기업인들이 빌휴렛과 데이비드팩커드와 같이 벤처기업을 세계적 기업으로 키우고 이익을 사회에 환원하며 낡은 자동차를 손수 운전하는 등 검약의 미덕을 몸소 실천할 때 사회적 존경을 받게 될 것이고 우리도 남부럽지 않은 기업문화를 가질 수 있게 될 것이다. (2000. 2)

Ⅲ

벤처기업은 기술이 생명

16. 중소기업의 낮은 기술수준

언론에 반도체 수출호조가 연일 보도되고 자동차, 조선, 철강 등 이른바 주력산업들의 약진하는 모습이 TV에 방영되는 것을 보는 일반 국민들은 우리나라가 선진산업국이 다 된 양 가슴이 뿌듯해질 것이다.

그러나 머릿수로 따져 우리나라 전체 제조업의 99%를 차지하고 있는 중소기업들의 기술수준을 냉정히 평가해 보면 아직도 우리가 가야할 길이 멀다는 것을 금방 알게 된다.

대기업의 기술력은 평균해서 선진국의 70% 수준이라고 하지만, 중소기업의 기술력은 대체로 선진국 기업의 절반 수준으로 평가되고 있다.

좀 더 구체적으로 살펴보면, 중소기업의 매출액 대비 기술투자액은 일본이 2.6% 수준인 데 비해 우리는 0.3%로 격차가 매우 크고, 제조업분야에 있어 기술개발 투자를 조금이라도 하고 있는 중소기업은 전체의 8%가 채 안 된다.

금액 기준으로 민간부문 기술투자의 90% 가까이가 대기업에 의해 이루어지고 있으며, 전체 연구인력의 16%만이 중소기업에서

<표 6> 국가별 기술개발 투자액 비교

(단위: 백만 달러)

구 분	한국(98)	미국(98)	일본(97)	독일(98)	프랑스(97)	영국(97)
총 연구개발비	8,104	227,934	122,275	49,747	31,140	23,988
배 율	1.0	28.1	15.1	6.1	3.8	3.0
GDP대비(%)	2.52	2.79	2.92	2.33	2.23	1.87

배율은 한국을 1.0으로 볼 경우의 비율임.
자료: 산업기술백서(2000. 8).

근무하고 있고, 어떤 형태로든 연구부서가 있는 중소기업은 전체의 2.6%에 불과하다.

우수한 기술인력이 대학, 연구기관, 대기업에만 몰리고 있는 형편이니 중소기업은 기술개발을 위한 인력도 없고 자금도 부족하여 일부 벤처기업이나 중견기업을 제외하고는 기술개발은 그야말로 그림의 떡인 것이 한국 중소기업의 숨김없는 현실이다.

현실이 이와 같기 때문에 경기가 호전되면 즐거워하기는 커녕 오히려 중소기업이 주로 생산하는 부품, 소재, 기계류 등은 수입이 급증하여 무역수지 악화를 걱정해야 하는 형편이다.

우수한 기술을 가진 중소기업이 절대적으로 부족하기 때문에 전 산업에 걸쳐 핵심부품이나 소재는 기술개발이나 국산화가 진전되지 못하고 있는 것이다.

현재 거의 전 국민이 애용하고 있는 휴대폰의 경우도 원천기술을 미국의 퀄컴사(Qualcomm)가 보유하고 있기 때문에 퀄컴사에 막대한 로열티를 지불하고 있는 것은 그렇다 하더라도, 핵심부품마저 외국에 의존하고 있기 때문에 이들 부품이 제때 공급되지 못하면 핸드폰 생산 자체가 중단되는 웃지 못할 일들이 발생하고 있다.

우리나라가 반도체, 정보통신, 자동차, 선박 등 선진국형 산업의 세계 주요 생산국이면서도 기술이나 품질면에서 선진국들에 대한 추격을 가속화하지 못하고 있는 이유도 바로 여기에 있다.

이처럼 절실한 중소기업의 기술문제를 획기적으로 개선하기 위해 꺼내 든 비장의 카드가 바로 벤처기업 육성정책이다. 테헤란 밸리를 중심으로 99년 봄부터 한동안 휘몰아쳤던 벤처붐으로 중소 벤처기업에 지금까지 꿈도 꿀 수 없었던 풍부한 자금과 정예 연구 인력 그리고 국민적 관심과 성원이 몰린 것이다.

벤처기업 육성전략이 성공할 경우 제조업 분야에서 주요 부품과 소재를 생산하는 중소기업의 기술력을 세계적 수준으로 발전시켜 해당 중소기업은 물론 이들 부품을 조립하는 모기업의 경쟁력을 강화시킴으로써 우리 산업 전반의 국제경쟁력을 획기적으로 강화시킬 수 있다.

벤처붐은 최근 코스닥의 침체와 더불어 차갑게 가라앉아 버렸지만 중소기업의 기술경쟁력을 강화하기 위한 우리의 노력은 무슨 일이 있더라도 계속되어야만 하는 이유가 바로 여기에 있다. (2000. 4)

17. 기술개발에는 독불장군이 없다

벤처기업뿐만 아니라 우리 중소기업들의 기술개발에 대한 인식이 최근 크게 달라지고 있다.

UR협상과 WTO의 탄생으로 국내시장이 개방되고 IMF외환위기로 믿었던 대기업들이 쓰러지는 상황에서 중소기업인들은 이제는 정말 믿을 수 있는 것은 자기 실력, 즉 기업의 경쟁력뿐이라는 것을 더욱 절감하였을 것이다.

이와 같은 분위기를 반영하여 IMF 외환위기가 최고조에 달한 98년 중에도 중소기업의 기술개발자금 신청은 정부가 책정한 예산의 무려 4배가 넘어 그 어느 해보다 높은 경쟁을 보였다.

IMF 외환위기의 와중에 내수시장이 극도로 침체하였음에도 불구하고 독자적인 기술을 개발하여 국제경쟁력을 갖추고 해외시장 개척에 노력해 온 기업들은 흔들림이 없었다.

평소에 끊임없이 경쟁력 배양에 노력하였고 일찌감치 해외시장에 눈을 돌렸던 기업들은 수많은 기업들이 쓰러지는 국가위기의 와중에서도 오히려 수출을 늘이고 위기를 기업발전의 기회로 활용하였다.

위기관리의 경험을 통해 이들은 기업경영에 대한 자신감을 확인한 것은 물론이고 주위의 기업들에게도 기업의 국제경쟁력 확보와 글로벌 경영의 중요성을 인식시켜 주었다.

그러나 중소기업의 기술개발이나 품질개선이 어디 말처럼 쉬운 일인가? 기껏 수입제품을 개발하여 시장에 내놓으면 외국 제조업체에서 즉각 가격을 할인하는 덤핑공세를 취하는 것은 어제 오늘의 일이 아니다.

가격은 물론 품질 면에서 선진국 제품에 손색없는 제품을 개발했는데도 대기업이나 정부기관을 비롯한 국내 수요처에서는 사 주기는 커녕 별 관심도 보이지 않는 경우가 대부분이다.

또한 신기술이나 신제품이라고 기껏 개발해 놓고 나니 거의 비슷하거나 동일한 기술과 제품이 이미 외국기업에 의해 개발되어 국내 특허까지 받아놓은 경우는 정말 억세게 재수없고 안타까운 경우가 아닐 수 없다.

필자가 스텐포드대학의 부설 연구기관(SRI)을 방문하였을 때 그 기관의 주요 기능을 질문하였던 적이 있다. SRI담당관은 어떤 기업이 새로운 기술이나 제품을 개발하려는 경우 해당 기술이나 제품이 이미 개발되었는지 여부를 확인해 주는 것이 SRI의 가장 중요한 일 중의 하나라고 답변하였다.

이와 같은 문제를 사전에 예방하기 위해 우리나라에서도 기업이 정부자금을 신청하여 기술개발을 하고자 하는 경우 사전에 관련 연구기관이 기업이 신청한 해당과제가 이미 기술개발이 되어 있는지 여부를 검토하고 있다.

즉, 기업이 기술개발을 위해 정부자금을 신청할 경우 정부는 생산기술연구원이나 국립표준과학연구원, 각 분야별 출연연구기관으로 하여금 대학교수 등 전문가들의 협조를 받아 해당 과제의 개발 여부를 비롯하여 기술개발에 수반되는 여러 가지 문제를 조사 조정하고 있다.

대다수 중소기업들은 기술개발 지원자금을 비롯한 정부의 각종 지원제도를 기업경영에 적절히 활용하고 있다. 그러나 정작 정부지원이 절실한 소규모 영세 중소기업들이 정부의 지원시책과 제도를 잘 몰라 제대로 활용하지 못하고 있는 현실에 대해 항상 안타깝게 생각해 왔다.

사실 몇 명 안 되는 인원으로 하루하루를 힘겹게 넘기고 있는 다수의 중소기업들로서는 바쁜 와중에 정부의 정책이나 지원제도를 파악할 여력이 없는 것이 사실이고, 따라서 이들에게 정부지원은 그림의 떡처럼 보일 것이다.

다행히 최근에는 인터넷의 도움으로 정부기관을 직접 방문하거나 해당 공무원을 면담할 필요 없이 정부의 정책과 지원제도의 구체적인 내용을 파악할 수 있게 되었다. 하루의 일과를 중소기업청 홈페이지를 여는 일로부터 시작한다는 어느 젊은 벤처기업인의 이야기를 들었을 때 정말 반갑고 고마웠던 기억이 난다.

인터넷으로 인해 정부와 중소기업간에 새로운 대화가 시작되었음을 인식하고 중소기업청 직원들에게 홈페이지에 게재하는 관련 자료를 더욱 세심하고 친절하게 작성할 것을 당부한 적이 있다.

이제는 중소기업청뿐만 아니라 정부의 모든 행정이 인터넷을 통해 국민에게 활발히 전달되고 있으며 앞으로 행정분야의 인터넷 활용은 지금까지보다 훨씬 급속히 확대될 것으로 전망된다.

필자가 아는 모 벤처기업의 사장은 요즈음 공과대학 교수들을 만나는 것이 하루의 주요 일과라고 한다. 연구인력도 없고 개발자금도 부족한 중소기업이 어떻게 혼자서 신제품이나 기술개발을 할 수 있겠는가?

물론 독불장군처럼 정부의 지원이나 누구의 도움 없이 혼자만의 노력으로 성공한 기업들도 있다.

필자가 어느 모임에 참석하여 중소기업에 대한 정부의 지원제도를 한참 설명하고 나니 그 자리에 참석한 모 중소기업 대표가, 기업이 잘 되거나 못 되는 것은 그 기업주가 책임질 일이지 정부나 그 누구를 탓하는 것은 기업인의 올바른 자세가 아니라고 일갈하였다. 정부가 중소기업의 경영 전반에 대해 책임을 지는 일은 현실적으로 불가능하고 적절한 자세도 아니라는 따끔한 지적이었다.

비록 필자가 그날 이야기하고자 했던 논지를 무색케 하는 질타였음에도 불구하고 잘되면 내 탓, 못되면 누구 탓하는 작금의 분위기에서 오아시스를 만난 기분으로 그 기업인의 발언에 대해 흐뭇해 했던 기억이 난다.

그러나 백지장도 맞들면 낫다는 말이 있듯이, 기술개발에 있어서도 정부지원은 물론 대학과 연구기관의 우수한 고급두뇌를 최대한 활용하는 것이 인적·물적 자원이 부족한 중소기업의 입장에서는 절대 필요하다고 본다.

얼마 전까지만 하더라도 점잖은 교수님들이나 연구기관의 연구원들이 기업현장과 관련되는 일을 하는 것이 그럴싸한 일처럼 보이지 않는 분위기였으나, 이제는 젊은 교수와 연구원들을 중심으로 대학과 연구기관이 산학협력에 적극적인 자세로 나서고 있다.

최근에는 교수 및 연구원들이 직접 참여하는 실험실 창업이 날로 늘어나고 있고, 벤처기업들도 이들에게 연구나 지원의 댓가로 스톡옵션을 지급할 수 있어 당장의 자금부담없이 교수, 연구원들의 지원과 협력을 받을 수 있게 되었다.

벤처기업과 힘을 모아 신기술개발에 성공하여 백만장자가 된 교수와 연구원들. 이것이 필자가 중소기업 현장에서 대학과 연구기관의 참여 없이는 중소기업 발전을 기대할 수 없다는 인식하에 이들의 참여를 촉발하는 계기를 마련하기 위해 꿈꾸어 오던 일이었다.

중소기업청 자료에 의하면, 2000년 6월 말 현재 교수 및 연구원의 벤처창업은 총 337건에 달하고 있다.

생명공학 분야에서 창업하여 명성을 날리고 있는 마크로젠사를 비롯하여 교수직과 벤처경영을 겸하는 교수와 연구원들이 날로 늘어나고 있고, 앞으로 이들이 벤처기업의 발전을 위해 더욱 앞장서 주기를 기대하고 있다.

우리나라 대학과 연구기관은 미국 등 선진국과는 달리 그 동안 산업현장과 너무 떨어져 있었던 것이 사실이다. 앞으로 산업현장과 대학, 연구기관이 더욱 가까워짐으로써 벤처와 중소기업의 발전은 물론 대학교육도 연구기관의 연구도 산업현장의 수요를 반영하여 더욱 내실있게 발전할 것으로 기대한다.

독불장군은 성공하지 못한다. 벤처와 중소기업들은 우리나라 인재의 최대 보고이자 고가 시험장비를 갖춘 대학과 연구기관을 최대한 활용하자. (2000. 7)

18. 산·학·연이 뭉치면 어려울 것이 없다

기술개발의 여건이 갖추어지지 않은 중소기업이 현장에서 생기는 기술적인 문제를 해결하거나 또는 새로운 기술개발에 착수하는 경우 대학이나 연구기관의 도움을 받는 것은 매우 자연스러운 일이다.

우리나라의 대학과 출연연구기관은 이공계 석박사의 약 90%를 교수 및 연구원으로 확보하고 있으며, 또한 영세한 중소기업이 꿈도 못 꾸는 고가의 최신 연구설비도 이들 대학과 연구기관에는 갖추어져 있다.

따라서 개별 중소기업은 비록 연구인력이 모자라고 연구설비가 미비하지만 대학 및 연구기관과 협력하면 얼마든지 기술개발에 도전할 수 있다.

다행히 최근 젊은 교수와 연구원들을 중심으로 중소기업에 대한 기술지원에 적극적인 자세를 보이고 있고, 이런 노력의 일환으로 지난 98년에 이공계 대학교수들을 중심으로 대학산업기술지원단(UNITEF)을 구성하여 중소기업의 기술발전을 위해 나름대로 열심히 노력하고 있음은 고마운 일이 아닐 수 없다.

수도권의 중소기업은 수도권에 대학과 연구기관, 대기업의 연구소가 밀집되어 있어 이들 기관의 지원을 받기가 상대적으로 용이하지만, 지방의 중소기업들은 이 점에서도 불리한 입장에 있다.

지방 중소기업의 핸디캡을 다소라도 완화시키기 위해 정부가 시행중인 사업이 바로 산·학·연 공동기술개발 지역컨소시엄 사업이다.

사업 명칭이 다소 길어 부르기가 쉽지 않지만, 이 사업은 지방중소기업들에게 인기가 있는 대표적인 산학연 협력 기술지원 사업이다.

지방에 소재하는 7개 이상의 중소기업이 공동 기술개발을 위해 지방 공과대학이나 연구기관과 컨소시엄을 구성하는 경우 기술개발 계획의 타당성이 인정되면 정부가 기술개발비의 75%를 지원하고 참여기업은 기술개발비를 25%만 부담하면 된다.

정부지원은 중앙정부(중소기업청)가 50%, 지방자치단체가 사업비의 25%를 각각 나누어 지원하고 나머지는 참여기업이 부담하므로 실제 개별 중소기업은 7개 기업이 참여할 경우 총 사업비의 3.5%씩을 부담하는 셈이다.

개발된 기술은 참여기업들이 5년간 독점권을 갖게 되는데, 기술혁신이 매우 빠르게 전개되고 있는 최근의 추세를 감안하면 거의 100% 독점사용권을 갖는 셈이다.

또한 중소기업청에서 조사한 결과를 보면, 전체의 30%가 넘는 중소기업이 과제수행의 결과 원가절감, 매출액 또는 수출증가가 이루어졌으며, 기술개발 참여 업체의 절반이 넘는 업체가 특허권을 획득하거나 공정개선이 이루어져 이 사업이 대표적인 중소기업 기

<표 7> 산학연 공동기술개발 컨소시엄 지원현황

(단위: 백만 원, 개)

구 분	93	94	95	96	97	98	99	2000	합 계
정부지원금	2,000	4,000	5,000	7,000	8,120	10,130	13,015	21,000	70,265
컨소시움수	19	40	50	61	72	85	106	146	579
참여기업수	328	767	969	1,012	1,161	1,286	1,474	1,870	8,867
과제수	264	568	716	960	1,117	1,241	1,420	1,795	8,081
추진성과 - 특허획득	23	88	127	132	196	256	435	평가중	1,257
- 시제품	162	371	347	389	612	812	999	평가중	1,811
- 공정개선	145	298	291	362	392	513	610	평가중	2,611

자료: 중소기업청.

술개발지원사업으로 자리매김하고 있음을 보여주고 있다.

이에 따라 2000년에는 99년에 비해 60%가 증가한 총 150개 컨소시엄에 210억 원의 예산이 지원되었으나, 이 사업에 대한 지방 중소기업의 호응도가 매우 높고 참여하는 지방대학도 날로 늘어나 이 사업을 희망하는 중소기업 모두를 지원하기에는 예산이 턱없이 부족한 실정이다.

이와 같은 사업을 집행해 보면 우리나라 중소기업들이 무슨 거창한 신기술의 개발을 위해 거액의 자금을 투자하는 경우는 드물고, 아직은 기술개발의 수요가 소규모 자금으로 단기간에 수행가능한 과제들에 집중되어 있음을 알 수 있다.

따라서 정부가 중소기업에 기술개발자금을 지원함에 있어 이와 같은 중소기업 현장의 수요를 감안하여 단기간내에 소액지원으로 수행가능한 과제에 보다 많은 재원을 배정하는 것이 필요하다고 생각한다.

　　동종업계의 중소기업과 공동으로 대학과 연구기관 그리고 정부의 지원을 활용하는 중소벤처기업은 기술개발을 수행함에 있어 결코 외롭지 않다. (2000. 2)

19. 세계 최초로 상용화에 성공한 CDMA

우리나라의 벤처기업은 모든 업종에 걸쳐 골고루 분포되어 있으나 그 중 창업이 활발하고 급성장을 보이고 있는 대표적인 분야가 정보통신산업이다.

특히 무선전화부문에 있어 우리나라가 세계 최초로 코드분할다중방식(CDMA)의 상용화에 성공함에 따라 정보통신산업의 기술개발은 가속도가 붙고 있어, 이 분야에 앞으로 보다 많은 벤처기업의 배출과 활약이 기대되고 있다.

우리나라는 1985년 전전자교환기(TDX) 개발에 성공하여 독자기술로 생산하게 됨으로써 정보통신산업 발전의 중요한 계기를 마련하였다.

전전자교환기는 1987년부터 국내에 본격 가설되기 시작했고, 이를 기반으로 1991년부터 동남아 등 세계 각국에 우리의 주요 수출품으로 수출되었다.

전전자교환기와 더불어 현재 총 2,680만 대가 보급되어 사용되고 있는 무선전화를 비롯하여 전국 어디서나 손쉽게 연결되는 유선전화망, 인터넷 고속 통신망 등으로 우리나라는 선진국에 못지 않은 정보통신 인프라를 구축하고 있다.

특히 인구 비례로 본 핸드폰 보급율은 전 세계 제7위로 최근 수년간 폭발적으로 수요가 증가하고 있는바, 현재 대부분의 핸드폰이 사용하고 있는 다중접속방식(CDMA) 기술은 원래 미국의 퀄컴(Qualcomm)사가 개발한 기술이지만 이를 상용화에 성공한 것은 우리나라 기술진이다.

다중접속방식을 무선전화에 처음으로 도입한 회사는 최근 SK텔레콤에 통합된 신세기통신이다.

당시 신세기통신의 대표를 맡았던 권혁조 사장은 처음에는 미국의 AT&T와 모토로라를 접촉하였으나 이들 양사가 엄청난 로열티를 요구해 와 포기하였다고 한다.

권사장은 우연히 CDMA기술을 소개받고 이 기술이 비록 상용화된 것은 아니나 시간분할다중접속방식(TDMA)보다 진일보한 기술이라고 판단되고 타사보다 로열티도 저렴하여 CDMA기술을 퀄컴사로부터 도입하게 된 것이라고 최근 필자에게 설명하였다.

기술을 새로 개발하기도 어렵지만 개발된 신기술을 세계 최초로 상용화한다는 것이 어디 쉬운 일인가?

당시 개발을 맡았던 삼성전자와 LG전자, ETRI의 개발팀들은 낮에는 온종일 연구실에서 기술과제와 씨름하고 통화가 뜸한 야간에는 설비를 차량에 적재하여 시내 군데군데 설치된 중계소와 교신하면서 시험가동을 점검하였다.

이들 기술진들은 거의 2년 가까이 숙식을 연구실에서 하면서 주말에나 집에 잠시 들러 내의만 챙겨 가지고 나오는 등 강행군을 하였으며, 이와 같은 집념과 피땀어린 노력으로 어려운 기술과제들을 풀어 나갔다.

어려움은 기술적 문제뿐만이 아니었다.

신세기의 통신서비스가 예정된 95년 4월이 가까워지자 다중
방식의 기술상용화에 의문을 품기 시작한 신세기의 외국인 투자가
들과 일부 국내투자가들이 CDMA 조기 상용화 불가론을 주장하였다.

즉, 한국의 기술진이 아무리 열심히 CDMA 상용화를 위해
노력한다 하더라도 신세기가 시한으로 정한 95년 4월까지 통신서비
스를 시작한다는 것은 기술적으로 불가능하다는 것이었다.

또한 세계적으로 시간분할방식(TDMA)이 대부분의 국가에서
사용되고 있는 상황에서 CDMA의 상용화에 성공한다 하더라도 그
시장성은 몇몇 나라에 극히 제한되어 있다는 것이 이들의 주장이
었다.

간단히 이야기해서, 신세기로 하여금 다중분할방식을 채택하
게 한 것은 신세기와 나아가서 한국 정부의 잘못된 결정이라는 것
이었다.

따라서 CDMA방식에 의한 통신서비스를 다소 연기하고, 신
세기로 하여금 기존의 셀룰러(Cellurar)방식이나 시간분할방식
(TDMA)에 필요한 설비를 긴급 수입해서 고객에게 약속한 시한에
맞추어 통신서비스를 제공해야 한다는 주장이었다.

정보통신부는 신세기의 CDMA방식에 의한 무선전화 서비스
제공 방침은 변경할 수 없는 것이며 삼성, LG 등의 기술개발이 다
소 지연되더라도 정보통신분야의 새로운 기술개발이라는 국가적인
차원에서 이를 강행해야 한다는 입장이었다.

이 문제가 국내외 주요 현안사항으로 확대되자 당시 한이헌

경제수석은 정보통신분야를 담당하고 있던 필자(비서관)에게 이 문제에 대해 구체적으로 파악하여 보고할 것을 지시하였다.

필자는 정보통신부가 정보통신산업의 주무부처로서 전전자 교환시스템의 국산화 이후 새로운 정보통신 기술의 개발을 통해 국내정보통신산업과 정보통신기술을 한 단계 도약시키겠다는 확고한 정책목표와 의지를 갖고 CDMA사업을 추진하고 있음을 확인하였다.

아울러 CDMA개발에 참여하고 있는 삼성과 LG 그리고 전자통신연구소 (ETRI)의 경영진과 연구원들이 사명감을 갖고 심혈을 기울여 개발에 임하고 있는 사실을 확인하였다.

따라서 비록 CDMA의 상용서비스가 다소 지체되거나 지엽적인 기술문제가 야기되더라도 이를 계속 추진하는 것이 필요하다는 결론을 내리고 한수석에게 이를 건의하였다.

한수석도 필자의 의견에 공감하면서 바로 이 내용을 대통령에게 직접 보고하여 대통령의 최종 결심을 얻었다.

이로써 신세기의 CDMA상용화 문제와 관련한 국내외의 분분한 논의는 일단 종결되었으며, 관계 연구팀들은 불필요한 논쟁에 더 신경을 쓸 필요없이 마지막 총력을 기울여 마침내 세계 최초로 CDMA 상용화를 성공시켰던 것이다.

정보통신부에 의하면, CDMA방식에 의한 국내 핸드폰 보급 실적은 2000년 12월 현재 총 5,680만 대이며, 관련 기자재와 기술수출액만 해도 97년부터 2000년 3/4분기까지 누계로 56억 달러에 달한다고 한다.

또한 중국이 CDMA방식을 도입할 움직임을 보이고 있어 관련 기자재와 소프트웨어를 개발하고 이미 상당한 기술력과 경험을 갖춘 우리 업계는 중국진출의 기대에 고무되어 있다.

만일 코드분할방식(CDMA)의 상용화 노력에 이런저런 이유로 제동이 걸렸다면 어떻게 되었을까?

첨단기술의 각축장이라고 할 수 있는 정보통신분야에서 우리나라는 세계시장에 이렇다 할 독자적인 상품과 기술을 내놓을 것이 없는 형편이 되었을 것이다.

아울러 국내 정보통신기술도 외국의 기술을 도입하거나 복사하는 수준에 머물렀을 것이다.

이와 같이 막대한 투자가 소요되는 고도첨단기술의 개발에는 정부와 민간의 합의에 의한 공동노력이 필요하며, 특히 민간의 기술개발을 정부가 적극 지원하고 격려하는 것이 필요하다고 생각한다.

민간기업이 단독으로 모든 위험을 짊어지고 막대한 개발비용을 부담하면서 기술개발에 임하는 데는 한계가 있기 때문이다.

이 때문에 엄격하기로 소문난 세계무역기구(WTO)에서도 기술개발에 대한 정부지원은 상당부분 이를 허용하고 있다.

CDMA 개발은 정보통신부를 비롯한 정부의 확고한 정책결정과 뒷받침, 그리고 삼성, LG, 전자통신연구소 등 관련 연구기관의 연구진들의 불굴의 노력이 어우러져 상용화에 성공한 것이다.

이들 모두의 노력에 경의를 표하고 앞으로 정보통신분야뿐만 아니라 모든 분야에 기술개발이 진척되어 우리 산업 전반의 기술혁신이 더욱 촉진되기를 기대한다. (2000. 10)

20. 벤처기업과 기술신보

기술신용보증기금은 벤처기업과 매우 친숙하다. 우리나라의 벤처기업치고 기술신보의 보증지원 신세를 지지 않은 기업은 거의 없을 것이다.

벤처기업은 원래 초기에는 담보나 자금이 절대 부족하고 오로지 기술이나 아이디어로 시작하는 경우가 대부분인 기술집약적 중소기업이기 때문에, 벤처기업의 기술력을 평가하여 보증을 제공하는 기술신보와 가까워질 수밖에 없을 것이다.

기술신보는 벤처기업의 기술력을 평가한 후 일정 금액의 보증서를 발급하여 벤처기업이 이 보증서를 담보로 하여 금융기관에서 자금을 대출받을 수 있도록 지원하고 있다.

또한 기술신보는 30개가 넘는 금융기관과 협약을 맺어 기술신보의 보증을 받는 기업에 대해서는 금융기관이 우대금리로 자금을 지원토록 하고 있는데, 98년에는 모두 4,300여 기업에 약 2조 원의 자금이 제공되었다.

98년 초에 IBRD차관자금 4,000억 원이 중소기업청에 벤처창업 지원자금으로 배정되었을 때 이 자금을 어떤 기관을 통해서 어떤 방법으로 기업창업에 지원하는 것이 효과적인지에 대해 매우 고민하였다.

여러 기관을 대상으로 조사해 본 결과 기술신보가 당시 80여 명의 기술직 심사요원을 확보하고 기술평가센터를 운영하는 등 어느 기관보다도 벤처기업에 대한 기술심사능력과 지원경험을 갖추었다고 파악되었다.

따라서 IBRD자금 지원기관으로 기술신보를 우선 선정하고 기존에 벤처자금을 취급하던 중소기업진흥공단과 창업투자회사들을 추가하여 이들 3개 기관(창업투자회사는 우수 창업투자회사를 별도 선정하여 지원)으로 하여금 동 자금을 벤처기업 창업에 지원토록 한 바 있다.

또한 기술신보가 보유한 기술평가센터의 박사급 고급인력을 활용하여 기술담보사업이나 벤처투자보증 등 벤처기업의 특성에 맞는 다양한 지원사업을 확대하고 있다.

그러나 한때 정부내에서 예산당국을 중심으로 양대 신용보증기관을 통합하자는 의견이 제시된 적이 있었는데, 필자는 통합안에 대해 반대하였다.

일견 기능이 유사해 보이는 두 보증기관에 정부예산을 나누어야 하는 예산당국의 입장을 이해 못하는 바도 아니나, 벤처기업에 대한 심사와 지원경험을 통해 벤처기업을 잘 이해하고 벤처기업에 대한 정보를 많이 보유하고 있는 기술신보를 폐지하는 것은 득보다 실이 훨씬 크다고 판단했기 때문이다.

일전에 정부의 기금 전반에 대해 독립적인 민간기관이 전반적인 감사를 실시하여 많은 문제점이 지적되고 이 내용이 언론에 보도된 적이 있었다.

이 감사에서 각종 기금의 여러 가지 문제점이 지적되었는 데도 불구하고 기술신보의 경우에는 필요한 전문가를 사내는 물론 사외에도 확보하여 전문가 네트워크를 구성 활용함으로써 업무를 효율적으로 수행하고 있다는 평가를 받았다. 벤처기업 육성에 있어 기술신보의 중요성을 이해하는 필자의 입장에서 기분 좋은 소식이었다.

기술신보가 앞으로 더욱 내실을 다져 벤처기업 발전에 앞장서 주기를 기대하는 마음 간절하다.

21. 대덕연구단지에 거는 기대

    대덕연구단지는 1974년 3월에 착공하여 20여 년에 걸쳐 조성된 우리나라 최대규모의 연구단지로서 현재 59개 연구기관이 입주해 있고 17,000명의 연구인력이 기술개발에 진력하고 있다.

    작년 8월 중소기업청이 대전 3청사로 이전한 이후 대덕연구단지를 방문할 기회가 잦아졌다.

    방문할 때마다 8백만 평이 넘는 단지 규모와 연구기관의 여유있는 배치 그리고 전체 면적의 40%에 달하는 녹지 등 선진국의 어떤 과학단지 못지 않은 연구시설과 환경에 감탄하곤 한다.

    일반적으로 과학단지는 교육훈련, 연구교류, 연구개발, 창업촉진, 산업생산, 주거문화 등을 주요 기능으로 하고 있으나, 대덕연구단지는 순수연구단지의 형태로 출발하였기 때문에 산업연계활동이 미흡하였고 이 점에서 선진국의 대다수 과학단지와 차이를 보여주고 있다.

    정부는 최근 한국경제의 장기발전을 위해 지식기반 산업의 육성방침을 밝힌 바 있다. 지식기반산업의 육성을 위해서는 다양한 정책과 노력이 요구될 것이나 역시 과학기술의 창달과 이를 바탕으로 한 첨단기술산업의 발전이 핵심이 아닐까 한다.

국가기술의 발전을 위해서는 대학과 연구기관들이 보다 활발한 연구활동을 할 수 있도록 적극 뒷받침해야 할 것이며, 이런 차원에서 대덕연구단지의 연구기능과 개발기술의 사업화 노력이 더욱 강화되어야 한다고 생각한다.

대덕연구단지도 90년대 들어 기업부설연구소가 본격 들어서고 연구원들의 창업이 늘어나는 등 연구결과를 산업에 활용하려는 노력이 확산되고 있음은 매우 고무적인 현상이라 하겠다. 특히 연구원 출신 벤처기업인들로 구성된 「대덕 21세기회」의 활발한 움직임은 앞으로 연구원들의 창업이 본격 확산될 것을 기대하게 해 준다.

정부도 관련법의 개정을 통해 대학과 연구기관에서 실험실 창업이 가능토록 하였고 국공립 대학교수 및 출연연구기관의 연구원이 벤처기업의 임직원을 겸직할 수 있도록 하는 등 실험실 창업을 적극 뒷받침하고 있다.

지난해 IMF 한파로 일부 민간연구소가 폐쇄되고 현재 구조조정의 시련을 겪고 있는 대덕연구단지가 그동안 축적된 연구개발력을 바탕으로 오늘의 어려움을 이겨내고 우리나라 과학기술 발전과 지식기반산업의 요람으로 거듭나기를 기대한다. (매일경제신문, 매경춘추, 1999. 1. 15)

IV

중소기업이 강해져야
경제가 뻗어간다

22. 중소기업육성은 구호가 아닌 실천과제

중소기업 관련 국제회의에 참석해 보면 세계 모든 나라가 중소기업의 중요성을 강조하고 벤처기업 육성을 부르짖고 있음을 알게 된다. 우리나라도 역대 정권들은 예외없이 중소기업의 중요성과 필요성을 강조하였다.

그러나 선진국 몇 나라를 제외하고는 각국의 중소기업의 현실이 어렵기만 한 것을 보면 중소기업 육성이 정치적인 슬로건처럼 쉬운 일이 아님이 분명하다.

필자가 산업자원부의 전신인 상공부에서 70년대 후반에 중소기업행정의 실무를 맡고 있었던 때의 이야기다. 당시 박정희 대통령의 영도하에 수출입국의 기치를 높이 올리고 수출이 아니면 나라가 당장 어떻게 되는 것처럼 절박한 심정으로 수출증대를 위해 정부와 기업이 밤낮을 잊고 땀흘려 노력할 때였다.

또한 정부의 중화학공업 선언으로 오늘의 재벌기업들의 전신인 대기업들을 비롯하여 일정 규모 이상의 기업들은 총동원령이 내려지다시피 하여 철강, 조선, 기계, 자동차, 석유화학 등 중화학공업을 본격 출범시키던 시기였다.

필자는 당시 미국 유학을 다녀와서 새로운 보직을 기다리는 입장이었는데, 인사책임자와 충돌을 빚어 당시에는 상공부의 한직에 속하는 중소기업 행정부서로 보직을 맡게 되었다.

비록 한직이지만 이왕 맡았으니 열심히 해보겠다는 오기로 1년간 중소기업 분야의 실무 행정경험을 쌓았는데, 그것이 20년 후 필자가 중소기업청장으로 재직할 때 크게 도움이 되었으니 세상 일이란 알 수 없다는 사실을 실감하였다.

중소기업 행정이 무역이나 중화학분야처럼 화려한 부서는 아니었으나 같은 부서의 상사나 동료직원들과 나름대로 긍지를 갖고 열심히 일한 소중한 추억을 갖고 있다.

특히 당시 중소기업계를 이끌었던 중소기업 중앙회 김봉재 회장님의 중소기업에 대한 지극한 애정과 열의는 지금도 기억이 생생하며, 대통령이 직접 주재하는 수출진흥회의에서 중소기업계의 애로를 대변하는 소신있는 발언과 이를 진지하게 경청하고 답변하던 박대통령에 대한 기억도 새롭다.

필자는 그때 1년간 중소기업 실무행정을 수행하면서 나름대로 고민하고 아이디어도 제시하고 하였으나, 아무리 좋은 정책이라도 추진과정에서 좌초하는 경우가 많아 중소기업 육성행정의 한계를 뼈저리게 느꼈다.

정부는 물론 정치권에서도 이구동성으로 중소기업이 중요하다고 강조들 하지만 막상 일을 추진해 보면 잘 안 되는 것이다. 그래서 당시 젊은 공무원이었던 필자는 혼자 속으로 중소기업 육성정책은 말로만 하는 일종의 쇼가 아닌가! 하고 울분을 터뜨린 적도 있었다.

돌이켜 보면, 당시 국가적으로 자본축적이 절대 부족한 상황에서 정부가 대기업 중심의 경제발전을 서두르다 보니 중소기업에 대한 지원은 우선순위가 밀리지 않았나 생각된다.

역대 정부는 중소기업이 국가경제에 대단히 중요하고 중소기업 육성을 위해 정부는 최선의 노력을 기울여 나가겠다고 똑같은 목소리로 강조해 왔다. 특히 선거 때만 되면 중소기업 육성은 빠뜨리지 않고 등장하는 단골 메뉴였다.

그러나 실제 정부의 정책결정 과정이나 예산배정에 있어 중소기업들이 제몫을 찾기는 쉽지 않다. 중소기업은 워낙 지원대상이 많고 지원효과가 분산되어 어떤 사업을 추진함에 있어 업계의 뒷받침을 기대하기 어렵기 때문에 중소기업 행정을 맡은 부서의 실무진들은 그야말로 외롭게 관련 부서와 유관기관을 설득하기 위해 이리저리 뛰어다닐 수밖에 없는 형편이다.

그러나 이제는 상황이 달라졌다.

대마불사를 외치며 30년 이상 성장가도를 달려온 많은 대기업들이 IMF 외환위기로 힘없이 무너지고 우리 경제가 어느 정도 안정을 회복한 지금도 다수의 대기업들이 여전히 구조조정의 와중에 휩싸여 있다.

외환위기를 통하여 우리가 터득한 소중한 교훈 중의 하나는 나라경제가 소수의 대기업에 지나치게 의존해서는 안 된다는 사실이다.

사업체수로는 전체의 99%, 고용의 약 70%를 차지하는 중소기업의 육성 없이 국가경제의 진정한 발전과 선진국 경제로의 도약이 가능하겠는가?

<표 8> 주요 국가별 중소제조업의 비중

구 분	한국('98)	일본('97)	대만('97)	미국('95)
사업체 수	78,869 (99.2)	354,627 (99.0)	147,507 (97.8)	341,830 (87.6)
고용(천 명)	1,638 (70.5)	7,150 (72.0)	2,088 (81.3)	7,164 (38.5)
출 하 액	182,015(10억 원) (44.6)	164,025(10억 엔) (50.8)	238,678(백만 元) (32.7)	949,077(백만 달러) (27.8)
통계기준	종업원 5~299인	종업원 4~299인	자본금 6,000만 元 미만	종업원 1~499인

주: ( )는 전체에서의 중소제조업비중(%)임.
　　대만, 미국의 출하액은 매출액 기준임.
자료: 한국—통계청, 광공업통계조사보고서
　　　일본—중소기업청, 중소기업백서
　　　대만—중소기업청, 중소기업백서
　　　미국—중소기업청, 공보처

　　더욱이 그동안 중후장대한 이른바 굴뚝산업이 국가경제 발전을 주도하였으나 이제는 기술 및 지식집약적인 산업, 즉 반도체, 컴퓨터, 정보통신, 인터넷, 생명공학 등이 미래산업으로 각광을 받고 있다.

　　이들 첨단산업의 경우 급속한 기술혁신에 대응하기 쉽고 다품종 소량생산체제를 갖출 수 있는 중소기업이 유리하기 때문에 중소기업의 중요성과 역할이 날로 커지고 있다.

　　전통산업인 제조업 분야에서도 자동차, 조선, 전자, 기계 등 우리의 주력산업은 선진국 수준의 중소부품업체들이 육성되지 않고서는 글로벌 경쟁에서 살아남기 어렵다.

막강한 기술력을 갖춘 미국, 일본 및 유럽 등 선진국, 광대한
시장과 무한정의 저임 노동력을 기반으로 하는 중국의 틈바구니에
서 한국경제의 활로는 대기업의 신속한 구조조정과 경쟁력 회복,
그리고 기술력 있는 중소기업의 육성 이외에 무슨 대안이 있겠는가?

중소기업 육성이 이제는 구호가 아니라 반드시 실천되어야
만 하는 이유가 바로 여기에 있다. (2000. 9)

23. 중소기업과 대기업

　　우리나라 중소제조업체는 약 60%가 대기업과 직·간접으로 거래를 하고 있어 중소기업과 대기업은 불가분의 동반자적 관계라 할 수 있다.

　　그러나 일반적으로 중소기업과 대기업의 관계를 말할 때 수평적 동반자적 관계보다 대기업의 우월적 지위로 인한 불평등관계가 많이 지적되어 왔으며, 따라서 대기업에 비해 상대적으로 불리한 입장에 있는 중소기업을 보호해야 한다는 논의가 많은 것이 사실이다.

　　얼마 전에 한 중소기업이 일시적인 자금부족으로 부도위기에까지 몰렸으나 거래관계에 있던 대기업이 보증을 해 주어 부도직전의 회사를 회생시켰다는 내용의 편지를 필자에게 보낸 적이 있었다.

　　이런 몇 가지 사례로 중소기업과 대기업간의 관계가 전반적으로 개선되고 있다고 속단할 수는 없으나, 최근 중소기업과 대기업의 관계가 일부 개선되고 있는 조짐들이 나타나고 있는 것은 반가운 일이다.

    21세기 무한경쟁 시대에 살아남기 위해서는 중소기업과 대기업이 「전략적 협력관계」를 구축해 나가야 함은 당연하며, 이를 위해 정부도 시장에서 공정한 게임의 룰이 적용될 수 있도록 노력하고 있으며 아울러 중소기업과 대기업간의 협력사업도 적극 장려하고 있다.

    예를 들어 소재, 부품의 공동개발사업(99년 1,925건)이라든지 Single PPM 품질혁신운동(710개 업체 인증 획득), 대기업의 분사창업 지원 등이 활발히 추진되고 있으며, 100여 개의 수탁기업체협의회(6,000여 개 중소기업 참가)도 구성되어 각종 협력사업을 전개하고 있다.

    지난해는 처음으로 「중소기업과 종합상사간의 수출상담회」가 개최되었는데, 중소수출기업들로부터 반응이 좋아 금년에는 이 사업이 더욱 확대될 예정이다.

    우리나라는 그동안 단기간에 고속성장을 추구하는 과정에서 중소기업의 발전이 대기업에 비해 상대적으로 정체되었던 것이 사실이다.

    그러나 21세기 지식정보화 시대를 맞이하여 유연성과 기동성을 갖춘 중소기업의 역할과 비중이 크게 증대될 것으로 전망되고 있고, 또한 현재 당면하고 있는 실업문제도 고용창출효과가 기대되는 중소기업의 육성으로 해결해 나가야 할 것으로 생각한다.

    중소기업의 육성은 중소기업 스스로의 혁신노력과 정부의 지원도 중요하지만 중소기업과 대기업간의 상호보완적이고 동반자적인 협력관계가 더욱 발전할 때 가속화될 수 있을 것이다. (매일경제신문, 매경춘추, 1999. 2. 27)

24. IMF위기와 신용보증제도

우리가 IMF 외환위기 속에서 경험한 신용 및 자금경색 현상은 참으로 무서운 것이었다.

자금사정이 어려운 기업은 물론이고 평소에 신용이 우량한 기업들도 무차별적으로 금융기관에서 자금을 주지 않는 것이다.

말이 신용경색이지 자본주의의 근간인 신용경제가 완전히 붕괴되어 금융기관의 중개기능이 거의 마비되고 기업간에 현금과 현물만 거래되는 기현상이 벌어졌던 것이다.

이와 같은 미증유의 신용경색현상을 그나마 완화하여 우량 중소기업을 대거 살려낸 제도가 신용보증제도이다.

IMF 경제위기 때뿐만 아니라 평소에도 중소기업에 대한 지원효과면에서 볼 때 가장 우수한 중소기업 지원제도가 신용보증기관이 운용하고 있는 신용보증제도가 아닌가 생각된다.

IMF 외환위기의 차가운 한파 속에서 금융기관이 부실채권과 BIS비율로 인해 얼어붙어 있을 때 양대 신용보증기관인 신용보증기금과 기술신용보증기금이 없었더라면 수많은 우량중소기업들이 오늘까지 살아남을 수 있었을까?

정부는 IMF 외환위기 이전인 97년에 총 6천억 원의 재정자금을 양대 보증기관에 출연하여 약 16만 개 중소기업에 대해 17조 원의 보증을 지원하였다.

그러나 98년 초부터 본격적인 IMF 외환위기를 맞이하여 하루평균 100개 이상의 중소기업이 도산하는 긴박한 상황 속에서 통상의 재정출연으로 급증하는 보증수요를 도저히 감당하기 어려웠다.

이에 따라 정부는 IBRD자금 1.3조 원과 ADB자금 1.8조 원 합계 3.1조 원을 포함한 총 4.4조 원을 양대 보증기관에 출연하는 비상조치를 취하였다.

두 보증기관은 이와 같은 출연을 바탕으로 보증규모를 대폭 확대하여 98년의 경우 총 33만 개의 중소기업에 대해 21조 원이 넘는 보증을 지원함으로서 중소기업의 자금난 완화에 결정적으로 기여하였다.

이에 따라 정부는 IBRD자금 10억 달러와 ADB자금 10억 달러, 총 20억 달러(약 4.4조 원)를 양대 보증기관에 출연하는 비상조치를 취하였다.

두 보증기관은 이와 같은 출연을 바탕으로 보증규모를 대폭 확대하여 98년의 경우 총 33만 개의 중소기업에 대해 21조 원이 넘는 보증을 지원함으로서 중소기업의 자금난 완화에 결정적으로 기여하였다.

돌이켜 보면, 기업자금이 극도로 경색되었던 시기에 금융기관은 부끄럽게도 보증기관에서 발급한 보증서를 기업이 제시하면 이를 담보로 금융을 제공하는 소극적인 역할만을 수행하였던 것이다.

ADB와 IBRD의 차관자금을 양대 보증기관에 출연하는 비상 조치가 취해질 수 있었던 것은 당시 임창열 재경원장관의 정책적 판단과 재경원을 비롯한 정부 부처간의 긴밀한 협조가 없었더라면 어려운 일이었다고 생각한다.

그런데 막상 산업은행에서 꾸어온 차관을 신용보증기관에 출연하려고 하니 출연기관이 마땅치 않을 뿐만 아니라 정권 말기의 어수선한 분위기에서 환율상승으로 인한 환차부담 등의 우려와 책임문제로 이를 맡겠다는 기관이 없었다. 하는수 없이 별로 달가워하지 않는 중소기업진흥공단을 겨우 설득하여 이 자금을 출연토록 하였다.

진흥공단은 자금출연 이후 환율하락으로 단순 계산상으로 약 1조 이상의 환차이익을 보았는데, 당시 진흥공단의 이사장으로 재직하던 박삼규 이사장과 막대한 환차이익을 중소기업청과 진흥공단이 나눠 갖자고 농담을 하곤 했다.

여하튼 우리의 신용보증제도는 IMF위기의 중소기업대책으로 국제적으로도 널리 알려졌다.

98년 1월 말 러시아를 방문하여 러시아 중소기업위원회 위원장(각료급)과 양국간 중소기업 협력에 관해 논의한 적이 있었다.

동 위원장과 러시아 금융기관대표들과의 오찬 간담회 자리에서 우리나라 신용보증제도에 대한 질의가 있어 자세히 설명하였는데, 러시아측 인사들은 이 제도를 제대로 이해를 못하는 것 같았다. (러시아에는 이 제도가 없음)

기업 부도로 대위변제가 발생하고 이를 정부 재정으로 지원하는 신용보증의 메커니즘을 이해 못하는 것을 보고 러시아의 시장

경제 도입이 아직 요원하다는 인상과 더불어 우리나라 보증제도에 대해 큰 자부심을 느꼈다. 98년에 개최된 APEC 중소기업 각료회의에서나 이태리에서 개최된 ASEM회의에서도 IMF 외환위기에서 우량중소기업을 살린 우리나라 신용보증제도에 대해 각국 대표들로부터 많은 질문을 받았다.

사실 제한된 정부재원으로 출연금의 20배 범위 내에서 신용보증을 해 줄 수 있으니 지원의 효과면에서나 중소기업의 담보부족을 감안한다면 이보다 더 효율적인 제도가 있을까 생각된다.

이와 같이 신용보증제도는 IMF 외환위기 속에서 그 진가를 유감없이 발휘하였고, 앞으로도 중소기업의 자금난 완화와 신용제도 정착에 많은 기여를 할 것으로 기대되고 있다.

그럼에도 불구하고 최근 신용보증제도를 악용한 불미한 사례가 발생하여 매스컴에 연일 보도됨으로써 이 제도의 훌륭한 장점이 폄하되고 훼손되지 않을까 우려를 금할 수 없다.

담보가 부족한 중소기업과 벤처기업에 큰 힘이 되고 있는 신용보증제도가 앞으로 더욱 개선 발전되어 중소벤처기업의 자금공급에 더욱 기여하기를 바란다. (2000. 10)

25. 인기만점인 해외 유명규격 인증 지원사업

벤처기업에 대해 정부가 여러 가지 지원시책을 마련하여 시행하고 있지만 실제 현장에서 시행되는 과정에서 당사자인 벤처중소기업들이 보이는 반응과 호응은 시책에 따라 각양각색이다.

벤처중소기업들에게 크게 환영받고 있는 시책 중의 하나가 중소기업의 해외 유명규격 인증 획득을 지원하는 사업이다.

중소기업이 어떤 제품을 생산하여 해외에 수출할 경우 외국 바이어가 해당 제품에 대한 UL/FDA(미국), CE(유럽), JIS(일본), VDE(독일) 등 해외 유명인증을 요구하는 경우가 많다.

외국바이어의 입장에서는 수입물품을 자국내에서 판매하기 위해서는 이와 같은 인증이 필요하기 때문에 이를 해당 수출기업에 요구하고 있는 것이다.

이 경우 중소기업이 해외인증 획득에 필요한 경비를 전액 부담하는 데는 어려움이 있기 때문에 수출을 포기하는 사례도 있으므로, 정부에서 해당 중소기업이 전문인증기관을 통해 해외 유명규격 인증 획득에 필요한 서비스를 제공하고 전체 소요경비의 약 70%를 보조하여 수출을 지원하고 있다.

<표 9> 해외유명규격 인증획득 지원내용

(단위: 건)

인증마크	98	99	2000. 9	합 계
CE	140	303	62	505
UL	82	99	22	203
QS-9000	68	156	12	236
VDE	16	6	1	23
JIS	6	4	-	10
기타	30	54	8	92
합계	342	622	105	1,069

지원예산: (98) 25억 원 → (99) 58억 원 → (2000) 84억 원
자료: 중소기업청.

이 지원사업은 IMF 외환위기를 맞이하여 어떻게든 중소기업의 수출을 늘여 외화가득에도 일조하고 내수침체로 어려움을 겪고 있는 중소기업을 살리기 위한 목적으로 98년부터 시작하여 지금도 계속 실시하고 있다.

수출을 하고 싶어도 해외인증이 없어 수출을 못하던 중소기업, 인증을 받으려고 해도 건당 2 내지 3천만 원의 경비를 조달할 길이 없어 수출을 포기한 중소기업들에게 이 시책은 큰 환영을 받아 1차년도에는 확보한 예산의 2배 이상의 신청이 몰렸다. 당시 진념 기획예산처장관의 특별한 관심과 지원으로 추경예산을 확보하여 379개 기업에 대해 25억 원을 추가지원하기도 하였다.

이 지원사업은 지난해까지 3년에 걸쳐 총 2,520개의 중소기업에 대해 1,069건의 해외인증 획득을 지원하였고, 820개 중소기업

이 15억 달러어치의 수출계약을 성사시킴으로써 중소기업의 수출증대에 크게 기여하고 있다.

까다롭기로 소문난 감사원이 이례적으로 동 사업을 우수사례로 평가하여 중소기업청의 담당자를 서훈한 것은 이 사업의 집행을 위해 밤낮없이 고생한 관계 직원들에게 큰 격려가 되었을 것이다.

중소기업을 지원하기 위한 많은 시책들이 성안되고 시행되지만 고객인 중소기업의 호응을 받지 못하는 시책은 실패한 시책이라 할 수 있다.

필자는 재임중 중소기업청 직원들에게 중소기업육성을 위한 해답은 중소기업의 현장에 있음을 강조하고, 중소기업 현장을 자주 방문하여 현장의 어려움을 기업과 함께 고민하고 그 해결방안을 정책과 행정에 반영할 것을 직원들에게 당부하곤 하였다.

국민의 혈세인 정부 예산이 이와 같이 효율적으로 집행되어 중소기업과 나라경제를 살리는 데 요긴하게 사용된다면 국민들도 보다 가벼운 마음으로 세금을 부담하지 않겠는가? (2000. 9)

26. 외국인 산업연수생 제도의 명암

　　최근 외국인 고용허가제 도입에 대한 논란 끝에 고용허가제의 도입이 유보되는 것으로 결론지어졌다.

　　당초 정부 여당이 외국인 산업연수생제도를 2002년 1월부터 고용허가제로 바꾸어 시행하려고 하였으나, 동 제도의 도입에 따른 중소기업의 부담증가를 고려하여 동 제도를 그대로 존치시키자는 업계의 주장을 수용하기로 한 것이다.

　　외국인 산업연수생제도는 우리 경제가 발전함에 따라 이른바 3D업종을 중심으로 산업현장의 인력 부족현상이 심화되어 이를 해결하기 위해 지난 1993년에 도입한 제도이다.

　　연수생을 배정받을 수 있는 대상 업체는 상시 생산직 근로자 수가 300인 이하의 중소기업이며, 대상 업종은 중소기업이 주로 영위하는 22개 제조업종에 국한하고 있다.

　　연수기간은 2년이며 연수취업자격시험에 합격하는 경우 정상근로자로 1년에 한해 연장가능하고, 연수생에 대해서는 최저임금 수준의 기본수당을 지급하고 산재, 상해, 체불임금보험 및 의료보험 혜택도 받을 수 있도록 하였다.

93년 11월 이 제도를 도입할 때 필자는 상공부 산업정책국장으로 이 업무를 관장하고 있을 때인데, 당시 경제기획원과 노동부 등 관계부처와 긴밀히 협의하여 이 제도를 성안하였다.

외국인 연수생의 도입과 관리를 어느 기관에 맡길 것인가 하는 문제가 제기되었는데, 필자는 중소기업협동조합 중앙회를 관리기관으로 하자고 주장하여 이를 관철시켰다.

중앙회는 중소기업들이 상부상조하기 위하여 만든 단체로 중소기업에 서비스하는 기관이므로 이 제도를 운영함에 있어 중소기업에 서비스하는 자세로 일하지 않겠느냐는 판단에서였다. 그러나 이후 제도운영에 있어 가끔 불미스러운 일도 발생하여 그 당시 판단을 제대로 한 것인지 되돌아볼 때도 있었다.

2000년 말 현재 9천여 개 중소기업에 약 4만 5천여 명의 외국인 연수생이 배정되어 일하고 있다. 산업연수생제도는 그 동안 중소기업의 부족한 인력을 보완하는 데 많은 기여를 하였으나 동시에 운영상에 있어 몇 가지 문제가 지적되어 왔다.

첫째, 불법으로 입국하여 국내에서 일하고 있는 외국인 근로자의 문제이다.

2000년 말 현재 합법적으로 입국하여 중소기업 현장에서 일하고 있는 연수생은 4만 5천여 명이나 불법으로 체류하고 있는 외국인은 합법적인 연수생 숫자를 훨씬 능가하고 있다.

연수생들을 주로 파견하고 있는 중국, 동남아국가들에 비해 우리나라의 임금수준이 훨씬 높아 연수 희망자는 많은 데 이들 국가가 우리나라에 보낼 수 있는 연수생 쿼타는 제한되어 있고 국내에서 불법 고용에 대한 미온적 단속 등으로 인해 이와 같은 불법체

<표 10> 국가별 외국인산업연수생 도입현황

국 가	배정인원 (명)	연수인원 (명)
중 국	22,488	12,302
필 리 핀	8,664	4,953
베 트 남	12,957	7,627
미 얀 마	915	128
방글라데시	5,543	2,488
파키스탄	2,253	1,590
스리랑카	2,821	876
인도네시아	14,887	11,196
네 팔	1,758	1,280
이 란	200	-
태 국	2,387	1,928
우 즈 벡	2,876	2,203
카자흐스탄	1,351	1,078
몽 고	900	205
계	80,000	47,854

자료: 중소기업청, 2000. 10

류자가 증가하고 있는 것이다.

과거 우리나라가 경제적으로 매우 빈곤하였을 때 어떻게든 돈과 일자리를 찾아 국내 근로자들이 일본으로 계속 밀입국하던 현상과 동일한 일들이 우리나라에서 지금 벌어지고 있는 것이다.

관계당국에서는 이들 불법체류자들에 대해 고심하고 있으며 일제 단속으로 모두 강제 출국시키는 것이 원칙이나 이럴 경우 이들을 주로 고용하고 있는 영세 중소기업들의 경영난을 가중시키지 않을까 주저하고 있는 것이다.

둘째, 외국인 연수생에 대한 처우문제이다.

연수생에 대한 처우는 그 동안 많이 개선되어 이제는 최저임금 수준 이상의 연수수당(월평균 42만 원)이 보장되고 의료보험혜택이 제공되는 등 이 제도의 시행 초기에 비해 근로환경이 많이 나아졌다.

그러나 아무래도 국내 숙련 근로자와 비교해서 급여에 차이가 있을 수 있고, 또한 이들이 많이 근무하는 3D업종의 근로환경이 상대적으로 열악하기 때문에 이로 인한 갈등과 불만들이 종종 외부로 표출되어 왔다.

셋째, 외국인 고용허가제로의 변경문제이다.

산업연수생제도가 지금까지 실제 외국인에 대한 연수제도라기보다는 중소기업의 현장에서 부족한 인력을 보충하는 제도로 운영되어 왔기 때문에, 이를 현실화하여 외국인 고용허가제로 변경하는 문제이다.

정부는 당초 연수생제도에 대해 제기된 문제점을 해소하고 특히 이 제도에 대한 그 동안의 대내외 비판여론을 불식시키기 위하여 외국인 산업연수생제와 고용허가제를 변경하여 외국인 근로자와 국내 근로자와의 차별적 조치를 해소시킨다는 방침을 정했었다. 그러나 이에 대한 중소업계의 반대가 만만치 않아 정부여당은 당초 2002년부터 시행하려던 계획을 최근 보류하기로 결정한 것이다.

외국인 근로자의 인권을 보호하면서 중소기업의 경영에 부담을 주지 않는 제도를 만드는 것은 결코 쉬운 일이 아니다. 그러나 말레이지아는 현재 국내 근로자와 비슷한 규모의 외국인력을 활용하고 있고 일본은 우리의 10배가 넘는 외국인 인력을 조용하게 활용하고 있다.

　　우리도 장기적으로 볼 때 경제발전과 더불어 상당기간 외국인 인력의 활용이 불가피하다고 본다. 그러므로 중소기업의 만성적인 인력부족을 완화하되 최근 다시 어려워지고 있는 중소업계에 지나친 부담을 주지 않는 방향으로 제도를 개선하는 작업이 필요하다.

　　이 제도를 지속적으로 개선하고 운영의 묘를 살려 중소업계의 인력부족을 해소하는 제도로 계속 발전시켜 나가길 기대한다. (2000. 10)

27. 중소기업인들의 삶의 현장

　　일반인들에게 비치고 있는 중소기업인의 모습은 어떤 것일까?
혹시 약간 배가 나온 땅땅한 몸집에 금테안경을 끼고 종업원들에게
는 가혹하게 굴면서 본인은 시도 때도 없이 필드에서 골프채나 휘
두르고 있는 그런 인물상으로 부각되어 있지는 않는지.

　　기업을 어렵게 창업하여 부가가치를 창출하고 일자리를 만
드는 기업인이 우리나라만큼 사회적으로 제대로 대접 못 받는 나라
가 없다고 한다. 한국에 체류하는 외국인들이 한국에 살면서 가장
이상하게 느끼는 일 중의 하나가 사회발전에 기여도가 높은 기업인
들이 제대로 평가를 못 받고 있는 현상이라고 한다.

　　중소기업은 우리나라 전체 고용의 약 75%를 차지하고 있어
우리 국민들 4사람 중 3명은 중소기업에 일하고 있을 정도로 중소
기업의 일자리 창출 효과는 절대적이다.

　　이와 같이 부가가치를 만들고 일자리를 제공하고 있는 중소
기업인에 대한 그다지 높지 않은 사회적 평가는 우리사회의 구석구
석에 아직도 오랜 찌꺼기처럼 남아 있는 사농공상의 낡은 사고방식
도 일조를 하고 있지 않나 생각한다. 그래서인지 주요한 공식행사

에 참석해 보면 의례 상석에는 정치인이나 관료들이 앉아 있고, 그곳에서 기업인들은 찾아보기가 쉽지 않다.

사회적 평가가 높고 경제적 혜택이 큰 분야에 국가의 인적·물적 자원이 몰린다는 점을 생각해 보면, 기업인들이 경제적으로뿐만 아니라 사회적으로 제대로 대접받아야 우수한 인재들이 기업에 많이 몰리게 되고 그로 인해 기업이 더욱 발전하게 될 것이다.

개발년대 초에 안정적인 직장으로 손꼽히던 금융기관이 IMF 외환위기 이후 잇따른 구조조정으로 상당히 불안정한 직장으로 변모하고, 의사들이 의약분업 실시에 격분하여 시위에 앞장서는 모습을 보면서, 우리 사회에서 직업의 안정성과 사회적 평가가 변화하고 있음을 느끼게 된다.

기업인들을 비교적 많이 접하게 되는 경제부처에서 근무하면서 일반인들이 모르는 기업인들의 애로와 고민을 접하는 기회가 많았다. 기업을 하고 있는 사람들은 대체 어떤 사람들인가?

필자가 알고 있는 대부분의 기업인들은 우리 사회 일각의 부정적인 시각과는 달리 정말 어려운 여건에서 밤잠을 설치면서 기업의 생존과 발전을 위해 열심히 일하는 사람들이다. 그들은 사회적으로 처신함에 있어 결례하는 일이 없도록 매사에 조심하며, 개인적으로는 건강관리나 대인관계에 부지런하고 누구보다 근검한 생활을 하는 분들이다.

사실 기업인도 기업인 나름이므로, 그 중에는 악덕 기업인들도 있겠지만 일반적으로 소설이나 잡지에서 풍자되고 있는 기업인의 모습과는 사뭇 다른 모범적인 기업인들이 우리 주위에 얼마든지 있다는 점을 강조하고 싶다.

필자가 일 년에 몇 번 특강을 하고 있는 온양에 소재하고 있는 충남 중소기업연수원에는 매주 수요일 50명이 넘는 천안지역 기업인들이 늦은 저녁시간에 모여 강의를 듣고 공부에 열중하고 있다.

새로운 지식과 정보에 대한 기업인들의 관심과 노력은 날로 높아지고 있어 이곳뿐만 아니라 전국의 대학 등 교육기관에서 이처럼 주경야독하는 중소기업인들을 흔하게 볼 수 있다. 특히 젊은 벤처기업인들은 최근 코스닥 주가가 하락하고 구조조정으로 경제 전반이 어려워지고 있는 상황에도 불구하고 기업의 생존과 발전을 위해 열심히 뛰고 있다.

필자는 98년 초 대통령의 방미 행사의 일환으로 벤처기업 투자유치단과 함께 뉴욕과 로스앤젤레스에서 개최된 투자유치 행사에 참석한 적이 있다.

이때 우리 벤처기업인들이 미국 기업인들을 상대로 유창한 영어로 사업계획을 설명하고 상담하는 모습을 보고 정말 자랑스러운 마음을 금할 수 없었으며, 이들이야말로 향후 우리 중소기업의 발전을 선도할 신중소기업인들이라고 확신하였다.

부모의 유산을 받아 그 돈으로 여유있는 생활을 즐기면서 사무실에는 심심풀이로 나와서 직원들에게 싫은 소리나 하는 구시대 기업인들의 시대는 이미 지나갔다.

그 어느 때보다 기업간의 경쟁이 심한 오늘 그리고 앞으로 다가오고 있는 글로벌 경쟁시대를 맞이하여, 모든 분야에서 새로운 의지와 각오로 오늘도 바쁘게 기업경영에 매진하고 있는 중소기업인들에게 우리 모두 공정한 평가와 격려를 해 줄 필요가 있다.
(2000. 7)

V

벤처한국의 변화와 도전

28. 한국인의 기질에 맞는 벤처

　　오랜 기간 동안 침체상태를 보였던 코스닥시장이 99년 4월
정부의 활성화조치를 계기로 대부분의 주식이 하늘 높은 줄 모를
정도로 상승기류를 타다가, 2000년 2/4분기부터는 상황이 역전되어
계속 하락세를 나타내고 있어, 한국벤처의 위기론이 대두되는 등
코스닥과 벤처기업의 미래에 대한 우려가 확산되고 있다.

　　그러나 현재의 어려운 상황에도 불구하고 한국 벤처기업의
장기적 전망에 있어서는 아직은 비관론보다 낙관론이 우세한 것 같
다. 즉, 벤처기업들이 단기적으로는 거품이 빠지고 수익성이나 경쟁
력이 약한 기업들이 대거 도태되는 등 구조조정이 이루어질 것이나
중장기적으로는 발전 가능성이 크다는 의견이다.

　　그 이유로서는 첫째, 벤처기업이 한국인, 특히 한국 젊은이들
의 성향에 적합하다는 것이다.

　　일본의 경우 벤처기업 창업에 필요한 벤처정신이 일본 젊은
이들에게 부족하다는 지적이 일본 내부에서도 제기되고 있다. 일본
인들의 조직에 충실하고 규율을 철저히 지키는 자세가 대기업에서
는 큰 성공을 거두었지만 어느 면에서 자유분방한 기업문화를 갖고

있는 중소벤처기업의 발전에는 적합치 않다는 것이다.

반면에, 우리 젊은 세대들은 표면적으로는 지나치게 자유분방한 듯이 보이나 일단 스스로 결심한 일은 무모할 정도로 밤을 세우고 몰두하는 성향이 있는데, 이와 같은 기질이 벤처기업에 적합하다는 것이다.

둘째, 벤처기업은 기술과 아이디어를 생명으로 하기 때문에 무엇보다 우수한 인력이 필요한데, 연구기술인력의 자질면에서 우리가 유리하다는 것이다.

이종문 회장도 미국에서 뒤늦게 사업에 뛰어들어 오랫동안 고전하다가 한국에서 기술자를 한 사람 스카우트해서 데려갔는데, 바로 그 사람(다이어몬드사 허형회씨)이 이회장의 벤처사업을 성공시켜 큰 돈을 벌게 해 주었다고 하면서, 필자에게 한국인의 우수성을 칭찬하는 이야기를 들은 적이 있다.

우리나라 교육정책과 제도에 대해서는 대내적으로 여러 가지 문제점이 제기되고 있지만, 여하간에 국민 전반의 높은 교육열과 개인적 학습욕구에 의해 우리나라는 상대적으로 우수한 인력을 대거 확보하고 있는 것이 사실이다.

셋째, 전국적으로 우수한 대학과 연구기관이 많이 설립되어 운영중에 있고, 여기에 교수 및 연구원들이 대거 재직하고 있는 것이 우리가 가진 또 하나의 강점이다.

미국이 스텐포드나 버클리 등 명문대학을 중심으로 실리콘밸리를 형성하여 산학협력을 통한 벤처산업 발전을 추진해 온 것은 주지의 사실이다.

우리도 주로 대학과 연구기관에 집중적으로 포진하고 있는 고급연구인력을 활발한 산학협력에 의해 벤처기업 육성에 참여토록 유도해야 한다.

다행히 젊은 교수와 연구원들을 중심으로 최근 대학과 연구기관이 중소기업에 대한 기술지도와 기술개발 등 산학협력과 벤처기업 육성에 적극 발벗고 나서고 있는 현상은 고무적인 일이 아닐 수 없다.

이와 같이 우리의 장점을 최대한 살리고 취약점을 보완하여 정부와 대학, 연구기관과 모든 유관기관이 힘을 모아 벤처 발전을 뒷받침한다면 21세기에 벤처산업이 우리 경제발전의 견인차 역할을 하게 될 것임을 믿어 의심치 않는다. (2000. 4)

29. 한국벤처의 발빠른 행진

미국은 이미 1세기 전에 스탠포드대학을 설립하고 산학협력을 강조하였으며, 실리콘밸리에 휴렛패커드라는 제1호 벤처기업이 등장한 것은 1939년이었다.

그 시기에 불행히도 우리나라는 일본의 압제하에서 근대화의 꿈조차 마음대로 꾸지 못하는 악몽의 세월을 보내고 있었다.

대만과 싱가폴, 그리고 이스라엘 정부가 10여년 전에 이미 벤처육성의 마스터플랜을 수립하고 실리콘밸리와의 교류를 본격화하는 한편 구소련의 과학자를 대거 유치하고 인재양성과 벤처인프라 건설에 동분서주할 때, 우리는 대기업 중심의 경제운용과 시장경제를 신봉하고 여기에 안주하고 있었던 것이다.

우리나라도 다소 때늦은 감은 있지만 지난 97년에 정부가 벤처기업 육성정책을 처음 수립하고 벤처기업육성에 관한 특별조치법을 제정하는 등 벤처기업 육성에 본격적으로 나섰다.

지난 97년 말 IMF 외환위기를 맞이하여 우리 경제의 모든 부문이 타격을 받고 경제주체들이 모두 얼이 빠지다시피 한 상황에서 정말 놀랍게도 벤처기업은 오히려 창업이 늘고 활기를 띠기 시

<표 11> 벤처기업의 경영성과

(단위: %)

구 분	벤처기업	중소기업[*]	대기업[*]
매출액 증가율	36.83	10.8	6.6
매출액 경상이익율	7.23	2.9	1.0
1인당 매출액 증가율	15.21	8.92	10.2

자료: 중소기업청(2000), 한국은행 기업경영분석(1999).

작했다.

한국 벤처인들의 놀라운 잠재력과 가능성을 나라경제의 위기 속에서 유감없이 발휘한 것이다.

벤처기업에 대한 확인제도를 시행한 지 불과 3년이 경과한 2000년 12월 말 현재 벤처기업 수는 9,800여 개를 넘어서 조만간 약 1만 개로 증가할 것이 예상되고, 벤처기업의 생산액도 우리나라 전체 GDP의 7% 이상을 차지하는 등 그 비중이 날로 커지고 있다.

벤처기업의 숫적 증가를 긍정적으로 인용하는 데 대하여 거부감이 있을 수 있으나, 선진국은 물론 우리보다 한발 앞선 대만이나 이스라엘에 비해 훨씬 뒤떨어진 우리 벤처기업의 실상에 비추어 볼 때, 벤처기업의 저변을 확보하고 육성한다는 차원에서 벤처기업 1만 개라는 숫자는 그 나름대로 의미가 있다고 본다.

이순신 장군은 임진왜란 때 원균이 망쳐버린 조선 수군의 남은 배 몇 척을 이끌고 왜적의 대규모 선단을 깨뜨리는 기적을 이루었지만, 역시 벤처산업을 운위함에 있어 어느 정도의 숫적 확보가 필요하다는 생각을 하고 있다.

짧은 역사에도 불구하고 우리나라 벤처산업이 빠른 속도로 양적인 면에서나 질적인 면에서 발전하고 있는 것은 무엇보다도 그동안 우리 벤처기업인들이 불굴의 의지를 갖고 기울여온 노력 때문이라고 할 수 있다.

아울러 IMF 외환위기하의 어려운 여건 속에서도 과감하게 벤처기업에 대한 지원을 확대한 정부의 시책도 어느 정도 주효하지 않았나 생각한다.

정부는 지난 98년 IBRD로부터 도입한 자금 중 4,000억 원을 활용하여 벤처기업 창업을 지원하였고, 1억 달러 규모의 국내 최초의 공공펀드인 한국벤처펀드(KVF)를 조성하였으며, 200여 개가 넘는 창업보육센터를 불과 2년 사이에 전국 대학과 연구기관에 설치하는 등 지난 몇 년 동안 벤처기업 발전을 위해 많은 일들을 한 것은 사실이다. 오죽하면 정부는 벤처기업에 대해 더 이상 지나친 지원을 해서는 안 된다는 학계 등 일각의 지적마저 나오겠는가?

지난 97년 말부터 99년 5월까지 벤처기업 지원행정을 총괄하였던 필자로서는 당시 벤처기업 지원행정에 적극 협조해 준 정부

<표 12> 벤처기업의 국민경제적 효과

(단위: %)

구 분	벤처기업	일반기업
고용증가율	30.7	1.4
수출증가율	46.3	8.6

자료: 통계청
주: 벤처기업의 지표는 98년 이전에 창업하고 98년과 99년의 종업원과 수출액에 동시에 응답한 기업만을 대상으로 분석함

내의 모든 인사와 유관기관의 임직원들에게 고맙게 생각하고 있다.

앞으로 벤처기업 육성을 위한 정부역할은 벤처캐피탈(창업투자회사) 등 민간부문의 기능과 역할들이 빠른 속도로 확대되고 있기 때문에 자금지원 등 직접적인 지원보다는 기술, 인력, 정보 등 민간기업이 해결할 수 없는 관련 인프라의 구축에 주력해야 할 것으로 생각한다.

한국 벤처호는 비록 경쟁국에 비해 늦게 출항하였으나 발빠르게 항진해 왔다. 지나친 과속의 부작용으로 인해 최근에 속도가 느려지고 큰 어려움을 겪고 있으나, 한국 벤처호가 빠른 시일 내에 다시 가속이 붙어 21세기에 어느 나라보다 빠른 속도로 뻗어나갈 것을 기대하고 있다. (2000. 5)

30. 벤처창업에 나서는 교수님들

지난 99년 5월 공직을 퇴임한 이후 만 29년 만에 처음으로 민간인 신분이 되어 생활하면서 현직 공무원으로 재직할 때 몰랐던 일반 서민들의 어려움을 몸으로 체험하고 있다.

우선 병원에 가려니까 의료보험증이 필요한데, 공직때의 보험증은 반납했기 때문에 보험증이 있을 리 없다. 집사람도 가정주부로서 직업이 없어 가족 중에 유일한 취업자인 회사 다니는 아들에게 보험증을 부탁하는 수밖에 없었다.

그러나 회사를 다녀온 아들의 이야기는 부모가 봉급 이외의 소득이 있어 세금을 내는 경우는 자식의 의료보험에 등재할 수 없으며, 따라서 직장의료보험이 아닌 지역의료보험에 가입해야 한다는 것이었다.

미국에 살고 있는 형님이 공직에서 물러난 필자에게 머리도 식힐 겸 다녀가라는 연락이 왔다. 여행사에 알아 보니 그동안 소지하고 있던 관용여권은 비자와 함께 유효기간이 많이 남아 있지만 이제 사용할 수 없으니 일반여권으로 다시 발급받아야 하고, 미국 대사관에 면접도 받아야 한다는 것이었다.

광화문을 오가면서 미국 대사관 담벼락에 줄을 길게 서 있던 사람들을 남의 일인 양 쳐다보다가 이제 나 자신이 그 줄에 서게 된 것이다. 공직생활이 고달픈 일도 많지만 알게 모르게 나라 일을 하고 있다는 이유(?)로 숨은 혜택도 많이 받았구나 하고 돌이켜 본다.

필자도 현직에 있을 때 민원인들의 처지와 심정을 이해하려고 노력하지 않은 것은 아니지만, 각종 민원으로 관공서를 직접 출입하기 시작하면서 역시 민간인 신분이 되어야 민원인의 심정을 제대로 이해할 수 있다는 사실을 요즈음 절감하고 있다.

불필요한 행정규제의 철폐는 빠르면 빠를수록 좋다! 정부는 벤처분야뿐만 아니라 모든 행정분야에 있어 불필요한 규제는 없는지 지속적으로 점검하고 나아가서 규제완화에 따른 부작용이 다소 우려되더라도 민원인의 불편 해소와 행정의 능률제고 효과가 더 크다고 판단되면 과감하게 규제를 완화해야 한다.

벤처와 관련하여 대표적인 규제완화 조치로 기억되는 것이 국공립대학교수의 벤처기업 임직원의 겸직허용 조치였다.

우리나라 이공계 석박사의 약 90%가 재직하고 있는 대학과 연구기관의 벤처기업 지원 없이 벤처의 발전은 어렵다는 인식하에 처음 이들에게 벤처기업 참여를 위해 3년간 휴직할 수 있도록 제도를 도입하였는데 시행해 보니 별 효과가 없었다.

왜냐하면, 우리나라 대학이나 연구기관의 실정이 3년간 외부 기관에 휴직하여 나갔다가 다시 복직하여 계속 근무한다는 것이 말이 그렇지 쉽지 않은 것이다. 3년이 아니라 1년 만 어디 나갔다가 돌아오면 줄(인맥)이 끊겨 한 동안 그것을 만회하는 데 애를 먹어야 하는 것이 우리나라의 거의 모든 조직의 현실이 아닌가?

그래서 근본적으로 이 문제를 해결하기 위해 국공립대학의 교수와 정부출연연구기관의 연구원이 벤처기업의 임직원을 겸직할 수 있도록 하자고 제안하였는데, 행정자치부를 중심으로 정부 내의 반대의견이 거세었다.

우리나라 공무원법에는 모든 공무원은 일체의 영리행위를 할 수 없도록 규정되어 있다. 따라서 공무원 신분의 국공립대 교수와 정부출연기관의 연구원들이 어떻게 영리기관인 벤처기업에서 임직원으로 근무할 수 있느냐는 지적이었다.

다행히 당시 석영철 행정자치부차관(현 지방공무원공제조합 이사장)이 적극 나서고 주위에서도 찬성 여론이 조성되어 행자부는 간부회의에서 몇 차례에 걸친 격론 끝에 벤처기업 발전을 위해 예외적으로 이를 허용하는 쪽으로 결론이 내려졌다. 공직자의 영리행위를 전면적으로 금지하고 있는 공무원법의 유일한 예외적 조치가 취해진 것이다.

이 조치로 말미암아 국공립대학과 출연연구기관은 물론 사립대학에까지 파급효과를 미쳐 전국의 대학과 출연연구기관에서 현재 대학교수 및 연구원의 벤처기업 겸직이 확산되고, 대학과 연구원내의 실험실 창업도 활기를 띠고 있다.

2000년 6월 말 현재 교수 및 연구원의 실험실 창업은 모두 337건에 달하고 있으며, 이 중 교수 창업이 286건으로 주류를 이루고 있다.

연구원들은 주로 퇴직 후 창업을 하고 있는데, 전자통신연구원과 표준과학연구소는 각각 55건과 22건의 창업실적을 기록하고 있다.

<table>
<tr><td rowspan="2">지　역</td><td rowspan="2">정보통신·
전자전기</td><td rowspan="2">기계·
자동화·
신소재</td><td rowspan="2">생명공학
·의 학</td><td rowspan="2">환경공학
·화학</td><td rowspan="2">경영·
컨설팅</td><td rowspan="2">디자인
·패션</td><td rowspan="2">기 타</td><td rowspan="2">계</td></tr>
<tr></tr>
<tr><td>교　수</td><td>136</td><td>51</td><td>32</td><td>33</td><td>11</td><td>8</td><td>15</td><td>286</td></tr>
<tr><td>연구원</td><td>18</td><td>7</td><td>18</td><td>6</td><td>1</td><td>0</td><td>1</td><td>51</td></tr>
<tr><td>계
(%)</td><td>154
(46)</td><td>58
(17)</td><td>50
(15)</td><td>39
(12)</td><td>12
(4)</td><td>8
(2)</td><td>16
(5)</td><td>337</td></tr>
</table>

<표 13> 교수 연구원 창업현황

자료: 중소기업청(2000. 6).

　　이와 같이 대학교수와 연구원들에 대한 규제완화 조치로 이들의 벤처기업 참여가 늘어나고 있고 앞으로 더욱 확대되어 벤처기업 발전에 크게 기여할 것으로 전망되고 있다.

　　98년 12월, 오랜 관행과 법률적 해석의 어려움을 극복하고 벤처기업 발전을 위해 어려운 결단을 내린 당시 석차관과 행자부간부들을 비롯한 관련인사들에게 교수, 연구원들의 벤처 창업 활성화의 큰 공을 돌리고 싶다. (2000. 3)

31. 한반도에 나타난 엔젤

벤처기업의 창업초기에 자금을 지원하고 기술과 경영지도까지 해 주는 사람들이 있는데 이들이 바로 엔젤(Angel)이다.

벤처기업에 대한 투자여건이 잘 갖추어져 있는 미국에서는 이와 같이 창업초기에는 엔젤이 자금을 지원하고 어느 정도 기반이 갖추어진 이후 성장단계에서는 벤처캐피탈이 자금을 지원한다. 나중에 벤처기업이 기술개발이나 신제품 판매에 어느 정도 성공을 거둔 경우에는 나스닥(NASDAQ)에 등록하거나 인수합병(M&A)을 통해서 벤처기업인과 초기투자가들이 투자자금을 회수하게 되는 것이다.

미국은 매년 엔젤투자 200억 달러, 벤처캐피탈 460억 달러 해서 모두 약 660억 달러가 벤처기업에 투자되고 있으며, 이와 같은 풍부한 투자에 힘입어 우수벤처기업들이 지속적으로 배출되고 있는 것이다.

벤처분야에서는 이제 꽤 알려지고 매스컴에도 자주 인용이 되고 있지만, 엔젤(Angel)이라는 개념은 원래 경제용어라기보다는 종교적인 용어가 아닌가?

　　미국인들이 벤처기업의 창업초기에 투자하는 개인투자가들을 엔젤이라고 부르는 것은 매우 재미있는 발상이라고 생각된다. 사실 아무리 좋은 기술과 아이디어를 갖고 사업계획을 작성해서 쫓아다녀도 누가 사업계획서 하나만 보고 쉽게 돈을 주겠는가?

　　미국 벤처캐피탈의 경우에도 제조업 분야에서 창업을 희망하는 사람은 최소한 시제품을 제시해야만 펀드매니저들이 심사에 착수한다고 하며, 그것도 잘해야 투자희망자의 2% 내지 3% 정도가 최종 투자까지 연결된다고 하니, 벤처창업이란 미국에서도 바늘구멍 뚫고 들어가기 만큼이나 어려운 모양이다.

　　이런 상황에서 대기업에 근무하다가 은퇴하였거나 자영업을 하다가 은퇴한 상당한 재력이 있는 인사들이 자금에 목마른 신출내기 벤처에 초기창업자금을 지원할 뿐만 아니라 오랫동안 쌓아온 경험과 인맥 등을 활용하여 할아버지가 손자 가르치듯이 도와준다면 젊은 벤처기업인에게는 이들이 천사와 같이 보이지 않을까?

　　실제 미국에서 크게 성공한 한국계 벤처기업인인 김종윤 사장의 경우에도 기술적 배경만 갖고 창업하여 악전고투하던 시절 이들 엔젤들의 도움으로 중도에 포기하지 않고 사업에 성공할 수 있었다고 한다.

　　미국의 엔젤들을 모델로 하여 우리나라에도 엔젤이 속속 등장하고 있다. 중소기업청의 자료에 의하면, 2000년 말 현재 전국에 30개의 엔젤클럽과 66개의 엔젤투자조합이 구성되어 있고, 여기에 25,211명의 엔젤이 참가하고 있는데 이들은 이미 368개 벤처기업에 2,062억을 투자하였다고 한다.

　　미국의 100만 명이 넘는 엔젤이 연간 약 200억 달러를 벤처

[그림 4] 우리나라의 엔젤투자현황

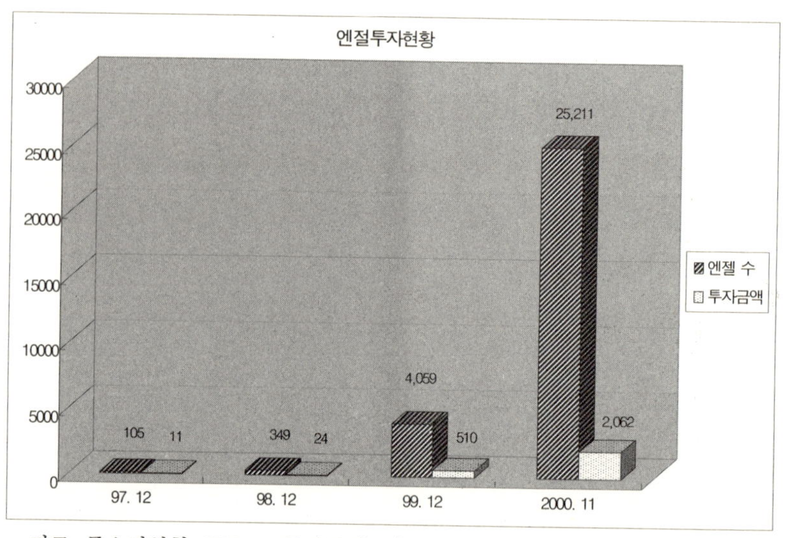

자료: 중소기업청, 2000. 12(투자금액: 억 원).

에 투자하는 것과 직접 비교할 수는 없지만, 불과 2년의 짧은 기간
에 우리나라의 엔젤이 이처럼 활발한 모습을 보이고 있는 것은 고
무적이다.

필자의 경우에도 일전에 호서대학교 박규일 교수의 권유로
박교수가 주도하는 호서엔젤클럽에 가입하였는데, 박교수와 연구소
일을 보면서 거의 무보수로 헌신적으로 일하는 김태용 선생, 그리
고 이 지역 기업인과 전문직에 종사하는 회원(엔젤)들의 진지한 모
습을 볼 때마다 한국 엔젤의 밝은 앞날을 기대하게 해 준다.

정부도 엔젤투자를 장려하기 위하여 엔젤 투자에 대한 소득
공제 범위를 투자금액의 20%에서 30%로 확대하여 시행하고 있으
며, 주식양도차익에 대하여는 전액 비과세하는 등 세제면에서 적극

뒷받침하고 있다.

　최근 코스닥시장이 침체상태에 있고 벤처투자 열기가 식어 가는 이 때에 경제적으로 다소 여유가 있고 전문분야에서 풍부한 경험을 가지고 있는 엔젤들이 많이 등장하여 우량한 벤처기업에 대한 적극적인 투자와 더불어 활발한 벤처지원 활동을 전개하여 벤처기업 발전의 새로운 계기를 마련해 줄 것을 기대해 본다. (1999. 10)

32. 첨단단지로 변신한 구로공업단지

93년 초에 있었던 일이다.

우리나라 유명 자동차회사에서 오랫동안 일하다가 정치인으로 변신한 지인 한 분이 사무실로 찾아와서 구로공업단지에 관해 상의한 적이 있다. 마침 구로공단이 그분의 지역구에 포함되어 있었는데, 그분의 주장은 한마디로 구로공단을 주거 및 상업지구로 개편해야 된다는 것이었다.

구로공단은 지난 64년에 조성되어 그 동안 우리나라 수출산업의 선봉장 역할을 하였으나 처음 입주하였던 섬유, 신발 등 노동집약산업은 경쟁력을 잃고 중국 등 외국으로 많이 이전하였다.

공단에 남아 있는 기업들도 소규모의 중소기업형 굴뚝기업이 대부분으로 도심지로 변한 지역에 어울리지 않게 공단으로서 겨우 명맥을 유지하고 있는 형편이었고, 공단이기 때문에 공장부지의 매매가격도 공단외부 용지에 비해 매우 낮은 수준이었다.

따라서 공단에 입주해 있는 대부분의 기업들은 기업경영도 어렵고 또 공단 주변이 개발되어 도심지로 변모함에 따라 공단이 상가나 주거지로 용도가 바뀌면 공장부지를 보다 비싼 값을 받고 팔 수 있기 때문에 공단의 해체를 지지하는 입장이었다.

인근 주민들도 공업단지에서 발생하는 소음과 공해에 시달리고 주변 땅값도 오르지 않으니 빠른 시일 내에 공단을 해체하고 상가나 주거지역으로 바꾸자는 의견이 당연히 우세하였다.

공단의 내부나 외부인사들이 모두 비슷한 의견이니 필자를 찾아온 분이 다음 선거에서 의원 뱃지라도 달기 위해서는 이와 같은 지역주민의 민원을 앞장서서 해결해야 할 입장임을 충분히 이해할 수 있었다.

그러나 당시 상공부 산업정책국장을 맡고 있던 필자는 구로공단의 사실상 해체를 의미하는 이와 같은 제의를 매우 심각하게 받아들였다. 왜냐하면, 그렇지 않아도 제조업에 대해 환경문제와 수도권 인구집중문제가 집중적으로 제기되어 수도권에서 공장들이 발붙일 곳이 없어지고 있는 형편에 이제는 한국수출의 대명사라고 할 수 있는 구로공단마저 해체되면 수도권에 있는 다른 공업단지도 줄줄이 없어지는 도미노현상이 올 수도 있기 때문이다.

이때 착안한 것이 구로공단을 굴뚝없는 첨단산업단지로 개편하는 것이 어떻겠느냐 하는 구상이었다. 유럽에 근무할 때 프랑스 정부가 피레네산맥 가까운 곳에 위치한 아름다운 관광도시인 뚤루즈(Toulouse)시를 세계적인 우주항공산업의 중심지로 개발하고 첨단산업도시로 성공적으로 운영하는 것을 살펴본 적이 있는 필자로서는 구로공단을 첨단산업단지로 개편하는 계획을 오래 전부터 생각하고 있었다.

우선 필자를 찾아온 정치인부터 설득하기 시작했다. 구로공단이 우리 경제에서 차지하고 있는 상징적 의미를 설명하고, 구로공단을 첨단산업단지로 개편하면 입주기업도 좋고, 주변의 주민들에게도 이익이 되며, 나라경제에도 도움이 된다는 이유를 설명하였다. 첨단산업단지가 조성되면 우선 연구기관이나 벤처기업 등 공해 없는 기업이 입주하게 되어 인근의 주민들을 괴롭혔던 공해가 없어지고 나아가서 고급두뇌들이 모여 일하는 지역으로 자녀들이나 주민들에게 직간접으로 좋은 영향을 줄 수 있다는 논리였다.

또한 수도권의 첨단산업단지에 대한 기업의 수요가 매우 크기 때문에 공단에 입주해 있는 기업들도 첨단업종으로 전환하거나 업종변경이 어려우면 좋은 가격으로 공장을 매각하고 이전하면 될 것이 아니냐고 설득하였다.

국가경제적으로 볼 때도 구로공단을 상가나 유통산업단지로 변경하여 이 지역의 교통체증을 악화시키고 수도권내의 제조업 공동화 현상을 가속화시키는 것보다는 첨단산업단지로 변경하는 것이 여러모로 도움이 된다는 논리를 전개하였다.

우여곡절 끝에 93년에 건설교통부 등 관계부처의 동의를 얻어 구로공단의 첨단산업단지 개편안이 정부 내에서 확정되었다. 협의과정에서 쟁점이 되었던 문제는 대기업의 구로공단 입주를 허용하는 문제였다.

당시 수도권 인구집중과 교통과밀을 해소하기 위해 구로공단을 비롯한 수도권에는 대기업의 공장 신·증설이 일체 불허되었기 때문에 구로공단의 경우 예외적으로 첨단업종에 한해 이를 허용하자는 상공부의 주장을 건교부가 쉽게 동의하지 않았던 것이다.

구로공단을 첨단산업단지로 조성하기 위해서는 공단의 비싼 땅을 매입하여 활용할 수 있는 대기업의 참여가 절대 필요하다고 보았기 때문에 끝까지 이를 관철하여 대기업의 경우 기술개발을 위한 연구와 시제품 생산을 허용하는 범위내에서 제한적으로 허용하는 것으로 이견이 조정되었다.

이 계획의 첫 단계로 초고속통신망 등 첨단시설을 갖춘 키콕스(KICOX: Korea Industrial Complex)를 착공하였으며, 완공 후 이곳에 벤처기업들을 저렴한 비용으로 입주시켜 첨단시설을 이용할 수 있도록 하였다.

최근 언론에 보도된 것을 보니, 2000년 9월 말 현재 구로공단에 입주해 있는 기업 671개 중 절반 이상이 첨단업종의 기업이라고 한다.

구로산업단지 첨단화 계획은 2006년까지 구로 1단지 8만 평은 벤처센터를 중심으로 하는 벤처전문단지로, 2단지 12만 평은 패션디자인 단지로, 3단지 34만 평은 고도기술, 지식산업단지로 재배치하는 것을 내용으로 하고 있다.

구로공단이 굴뚝산업에서 첨단산업단지로 변하면서 주거환경도 변해서 벤처기업들이 몰려들고 사람들이 늘어나면서 주변에 고급음식점이 많이 생기고 가게도 대형화하고 있다고 한다.

자칫하면 상가와 아파트단지로 바뀌어 해체될 뻔했던 구로공단. 그 구로공단이 지난 93년 필자와 뜻을 같이했던 동료들이 함께 희망했던 대로 이제는 첨단산업단지로 모습을 바꾸어 변함없이 우리 경제를 뒷받침하고 있다는 소식을 듣고 가슴 뿌듯함을 감출 수 없다. (2000. 11)

33. 스톡옵션제도의 매력

　　실리콘밸리에서 다이어몬드사를 창업하여 성공한 이종문 회장은 34%의 주식을 종업원에게 스톡옵션으로 나누어 주었다고 한다.

　　한국에서 건너가 이 회사에서 라면으로 끼니를 때우고 임대료가 밀려 야반도주까지 했던 허형회씨는 나중에 주식가격이 뛰어 스톡옵션으로 큰 돈을 벌게 되자 맨 먼저 대지 1,200평에 건평이 300평인 수영장이 딸린 저택을 사들여 미국에 건너가 고생하던 시절의 설움을 갚았다고 한다.

　　스톡옵션제도란 벤처기업 등이 임직원에게 사전에 약정된 가격으로 일정 기간(대체로 3년) 경과 후 일정 수량의 주식을 매수할 수 있는 권한을 부여하는 제도이다. 임직원들에게 스톡옵션을 부여하여 이들이 주인의식을 갖고 회사 일에 충실히 일하도록 함으로써 우수한 임직원을 채용하고 보상하기 위한 제도라 할 수 있다.

　　회사가 발전하면 발전할수록 당해 기업의 주가가 상대적으로 더 상승하게 되고 아울러 임직원들이 스톡옵션의 행사시 받게 되는 차익도 더욱 커지게 되기 때문에 회사의 발전 여부가 개별 임직원들에게 돌아가는 보상과 직결되는 것이다.

지난번에 주택은행장에 새로 취임한 김정태 행장이 나는 월급은 받지 않겠다, 다만 스톡옵션을 받아 은행을 정상화시킨 후 이를 행사하겠다,고 하여 화제가 된 적이 있었다.

벤처기업의 경우 우수한 인재를 추가로 스카우트하거나 현재 있는 우수한 임직원들을 계속 열심히 일하도록 인센티브를 제공해야 하는데, 이들이 기대하는 충분한 처우를 해 주기가 어렵기 때문에 스톡옵션에 의한 미래의 이익을 약속하는 차원에서 이 제도를 활용하는 경우가 많다.

또한 벤처기업의 경우 사내 임직원뿐만 아니라 외부의 전문인력이나 전문기관을 활용해야 할 경우가 많은데, 이럴 경우 외부의 교수, 연구원 등 개인과 대학, 연구소 등 법인에 발행주식의 50% 범위 내에서 스톡옵션의 지급이 가능토록 되어 있다.

중소기업청의 조사에 따르면 벤처기업의 16%가 스톡옵션을 도입하여 운영중에 있고, 스톡옵션을 부여한 직원이 전체의 37%를 차지하는 등 벤처기업이 우수한 인력을 유치하기 위하여 이 제도를 적극 활용하고 있다고 한다. 또한 정부는 스톡옵션에 대하여 가격 차이가 5천만 원 이내일 경우 비과세함으로써 이 제도를 벤처기업 육성의 주요 지원수단으로 활용하도록 하고 있다.

스톡옵션과 유사한 제도로 종업원지주제도가 있다. 그러나 종업원지주제도는 임원을 제외한 종업원, 즉 근로자의 재산형성을 지원하기 위한 제도로 지원대상과 목적이 스톡옵션제도와 구별된다. 우리사주는 매출주식의 20%를 우리사주조합을 통해 우선 배정하는데, 이 경우 저소득 장기근속 조합원을 우대하고 있다.

98년 들어 벤처기업의 열풍을 타고 스톡옵션제도를 도입한

[그림 5] 중소벤처기업의 스톡옵션 부여 현황

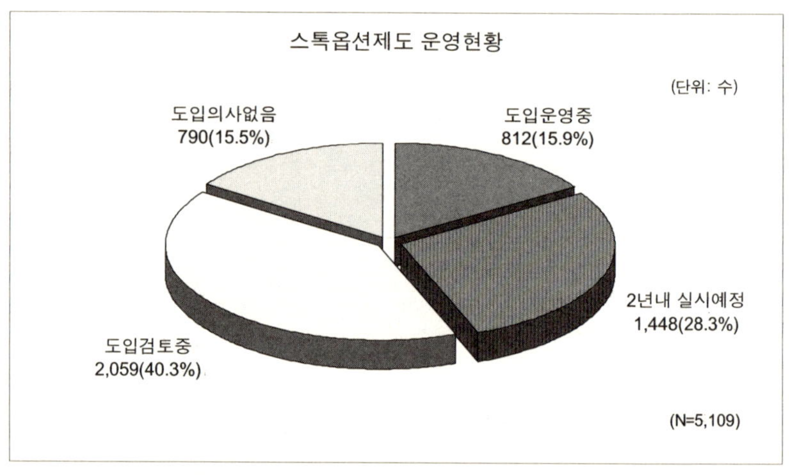

자료: 중기청(5,109개 업체 조사), 2000. 10

벤처기업이 급증하였는데, 불행하게도 최근 주식시장이 침체하여 스톡옵션의 이점이 크게 감소함으로써 스톡옵션을 부여받은 임직원들 가운데 이를 포기하고 퇴사하거나 전직하는 이들이 점차 늘어나고 있다고 한다.

한국의 우수한 인재들이 현재의 월급에 얽매이지 않고 기업의 미래 가능성과 스스로의 노력에 대한 보상에 따라 직장을 택하게 하는 스톡옵션제도는 분명히 나름대로의 의미가 있다.

벤처기업의 구조조정이 빠른 시일 내에 마무리되고 주식시장이 안정되어 한국의 미래를 꿈꾸는 젊은이들이 스톡옵션의 혜택을 제대로 받고 일하는 보람을 되찾아 벤처기업에서 다시 활기차게 일하게 되는 날이 기다려진다. (2000. 8)

34. 한국인의 도전정신

미국 GE사의 젝 웰치 회장(Jack Welch)은 어떤 모임에서 한국에 대해 언급하면서, 『한국인은 민족적 자존심이 워낙 강하기 때문에 역사적으로 어떠한 강대국에도 결코 정신적으로 굴복한 적이 없으며, 특히 상황이 어려우면 어려울수록 포기하지 않고 도전하는 용기있는 민족』이라고 평가하고, 『이와 같은 도전정신이야말로 21세기 기업환경에서 가장 중요한 자산이 될 것이며 이를 바탕으로 한국경제는 21세기에 재도약할 것』이라고 전망했다 한다.

웰치 회장의 지적이 아니더라도, 지난 30여 년간의 한국경제 발전사는 민족적 에너지가 분출하는 끊임없는 도전과 용기의 서사시라고 해도 과언이 아닐 것이다.

이 서사시의 주인공들은 지금까지 대부분 대기업의 창업주와 전문경영인들이었다. 그러나 97년 말 외환위기 이후 대기업들이 예외없이 구조조정의 몸살을 앓고 있는 와중에서 한국인 특유의 도전정신으로 무장한 중소벤처기업인들이 새로운 주인공으로 등장하고 있다.

중소기업청이 연구개발투자(매출액의 5% 이상) 등 몇 가지

기준에 의해 확인서를 발급한 벤처기업은 작년 말에 이미 2,042개 사에 달하고 있으며, 정보통신 분야를 비롯한 기계, 전자, 섬유 등 전 업종에 걸쳐 창업이 확산되고 있다.

비록 우리나라는 벤처기업의 육성에 있어 미국 등 선진국과 대만, 이스라엘 등에 비해 출발은 늦었지만, 우수한 기술인력과 연구기관 그리고 정부의 강력한 정책의지를 바탕으로 이들 선발국들을 열심히 추격하고 있다.

그 결과 최근 벤처기업의 창업이 빠른 속도로 확산되고 있으며, 특히 이공계 석박사의 90%가 재직하고 있는 대학과 연구기관이 벤처기업의 창업과 지원에 앞장서고 있는 것은 매우 고무적이다. 정부도 외환위기로 어려움을 겪었던 작년 1년 동안 벤처기업 육성을 위한 제도개선과 세제지원강화, 창업자금지원의 확대, 창업보육센터의 확충 등 벤처기업의 발전기반을 구축하기 위한 노력을 지속적으로 추진하였다.

오늘 이 시각에도 도심의 작은 사무실에서 또는 대학과 연구소의 한 구석에서 내일의 빌게이츠를 꿈꾸는 한국의 많은 젊은이들이 밤을 지새우고 있다. 박세리 선수가 무명의 선수로서 미국의 여자골프대회에 도전하여 우승했을 때 우리 국민들은 잠을 설치면서 성원을 보냈다. 벤처 기업이 우리 경제의 새로운 주역으로 자리잡고 세계적인 기업으로 발돋움하기 위해서는 박세리 선수에게 보낸 만큼의 국민적 관심과 응원이 필요할 것이다. 박세리 선수가 작년 암울하기만 했던 우리 국민에게 자신감과 용기를 선물하였다면, 오늘의 벤처기업인들은 21세기에 한국경제의 재도약이라는 선물을 우리에게 안겨줄 것으로 기대한다. (매일경제신문, 매경춘추, 99. 1. 9)

35. '대덕 21세기'의 야망

지난 해(98년) 6월 우리나라 경제전반이 IMF의 한파로 잔뜩 움츠리고 있을 때 대전지역의 야심만만한 벤처기업인들이 모여 '대덕 21세기'라는 모임을 결성하였다.

이들은 대전지역에서 활동하고 있는 젊은 기업인들로 모두 대덕연구단지의 연구기관에서 근무했다는 공통점을 지니고 있으며 '대덕 21세기'를 중심으로 협력과 친목을 다져 나가고 있다.

'대덕 21세기'는 65개의 회원사로 구성되어 있으며, 기업당 직원수는 평균 18명, 연간 매출액은 20억 원 정도이나 성장속도가 빠르고 연구개발투자가 왕성한 21세기형 벤처기업들이다.

이들은 전자통신연구원, 표준과학연구원, 과학기술원 등에서 축적한 연구개발력을 바탕으로 레이저, 생명공학, 소프트웨어, 의료기기, 계측기기 등 다양한 첨단기술분야에 진출하고 있으며, 친정인 연구기관과도 끈끈한 협력관계를 유지하고 있다.

'대덕 21세기' 회원사 중 이미 코스닥 증시에 등록된 기업도 있고 연간 매출액이 200억 원이 넘는 기업도 있으며 천막에서 창업하여 생명공학분야의 유망벤처기업으로 성장한 기업도 있다.

필자가 틈나는 대로 이들 기업을 방문하면서 받은 인상은, 비록 기업의 업력이 짧고 젊은 기업인이 대부분이나 대학과 연구기관에서 축적한 연구개발력을 바탕으로 기업발전에 대한 상당한 자신감과 패기를 느낄 수 있었다.

10여년 전 미·소 냉전체제가 종식되었을 때 미국이 국방분야의 연구인력을 첨단산업으로 유치한 사례나, 이스라엘이 구소련의 유태계 과학자를 대거 투입하여 벤처기업의 육성에 성공적으로 활용한 것은 우수 연구인력의 양성과 활용이 미래산업 발전의 핵심 과제임을 우리에게 일깨워주고 있다.

정부는 작년 말 벤처기업육성 특별조치법을 개정하여 대학, 연구소의 실험실에서도 창업이 가능하도록 공장등록을 허용하였고, 연구원이나 대학교수가 현직에 있으면서 벤처기업의 임직원을 겸직할 수 있도록 관련제도를 개선한 바 있다.

대학과 연구기관 그리고 대기업의 우수한 연구원들이 그 동안의 연구실적과 경험을 바탕으로 벤처기업의 창업에 본격 참여함으로써 '대덕 21세기'의 도전정신이 전국적으로 확산되기를 바란다.
(매일경제신문, 매경춘추, 1999. 2. 2)

36. 장흥순 회장의 독립운동

　　일본 후지산 중턱 울창한 산림 속에 세계적인 자동공작기계 업체인 화낙(Funac)이 자리잡고 있다.

　　필자가 산업자원부 차관보로 재직 중이던 96년 가을에 도꾜와 오사까에서 공식 일정이 있어 방일하는 길에 일본의 대표적인 하이테크 기업인 화낙을 방문할 기회가 있었다.

　　후지산 아래 인근 기차역에서 내려 화낙으로 올라가는 길은 매우 아름다워 흡사 국립공원으로 놀러가는 기분이 들었다.

　　당시 화낙의 대표이사 노자와 토이리로씨(현재 회장)는 동경대 공학부 출신으로 메카트로닉스 분야에서 세계적으로 권위있는 분이라고 동행했던 분이 설명해 주었는데, 그래서인지 필자가 만나보니 기업인이라기보다는 교수나 학자 같은 인상을 주는 분이었다.

　　화낙의 임원진들은 우리 일행을 매우 정중하게 맞아 주었으며 공장의 구석구석까지 자세히 안내해 주었는데, 특히 놀라운 것은 우리 일행의 방문에 맞추어 한국 화낙의 사장을 창원에서 일부러 오게 하여 우리 일행과 합류시킨 일이었다. 일본인 특유의 세심한 배려와 용의주도한 준비라고 아니할 수 없다.

화낙을 둘러 본 소감은, 첫째, 세계적인 기업답게 연구개발에 모든 노력을 기울이고 있는 점이 인상적이었다. 화낙의 대부분의 기술인력은 새로운 기술과 제품개발에 투입되어 그야말로 이 분야의 세계 제1의 기업으로서의 위치를 고수하기 위해 혼신의 노력을 다하고 있는 모습이 역력하였다.

새로 개발한 자동설비를 시운전하는 현장을 보았는데, 텅빈 공장에서 로봇들이 혼자서 팔을 휘두르고 있는 모습들은 괴이한 느낌을 주었으며, 특히 작동속도가 빠른 신제품들이 여러 곳에서 목격되었다.

둘째, 자동화설비를 생산하는 공장답게 현장에서 사람을 찾아보기 어려운 점이 인상적이었다.

모든 공장이 원거리작동(Remote Control) 시스템이 되어 있었기 때문에 실제 공장가동을 점검하고 운용하는 일은 공장의 외곽에 위치한 곳에서 몇몇 기술자들이 하고 있었고 막상 생산현장에는 사람이 거의 보이지 않았다. 또한 부품과 원재료의 공급부터 전 생산공정이 자동화되어 있어 공장이 24시간 자동으로 움직이고 있었다.

회사를 소개하는 비디오필름을 보니 후지산 구석에 있는 이 공장을 보기 위해 세계 각국의 정상들이 줄을 이어 방문한 장면들을 볼 수 있었다.

세계적인 기술과 경쟁력을 보유한 첨단기업은 요란하게 선전을 하지 않더라도 세계 각국의 유명인사들과 방문객들이 줄을 잇는 법이다.

화낙에서 방문기념으로 받은 선물은 의외로 후지산의 4계절 모습을 찍은 사진첩이었다. 그런데 사진첩을 아무리 뒤척여 보아도 화낙이라는 단 한 글자도 찾아볼 수 없었다.

　　회사에서 주는 기념품에 회사에 관한 어떤 글자나 내용도 찾아 볼 수 없으니, 회사 기념품에 지나친 광고문안을 넣어 받는 사람으로 하여금 거부감을 주는 데 비해 참으로 세련된 기업 홍보가 아닌가 하는 생각이 들었다.

　　이와 같은 세계적인 기업, 화낙에 반기를 든 한국 기업이 있으니 바로 장흥순 사장(벤처기업협회 회장)이 이끄는 터보테크이다.

　　장사장은 공작기계용 컴퓨터에 의한 수치제어장치(CNC)의 국내 시장이 화낙을 비롯한 외국기업에 의해 모두 독식되고 있다는 사실을 알고, 이를 타개하기 위해 지난 88년 기술자립을 위한 독립군이라는 캐치프레이즈를 내걸고 터보테크를 창업하여 화낙, 지멘스 등 선진국 거대기업에 도전장을 내밀었다.

　　그러나 산업혁명 이래 오랜 기간 동안 각종 기술을 축적하고 기술자를 양성해 온 이들 선진국 기업들과 경쟁하는 것이 어디 쉬운 일이겠는가?

　　현재 터보테크는 교육용과 실습용 공작기계를 중심으로 국내 시장의 약 5%를 점유하고 있다. 화낙이 우리나라 내수시장의 65%를 점하고 있고 독일의 지멘스(Siemens)가 나머지 20%를 차지하고 있어 아직은 CNC와 같은 하이테크 분야는 선진국기업이 강하다는 현실을 인정하지 않을 수 없다.

　　최근 IMF 경제위기 이후 개선되었던 무역수지가 유가상승 등으로 다시 어려워지는 조짐이 나타나고 있지만, 만성적으로 적자를 보이고 있는 자본재 분야 중에 공작기계부문의 대일무역 적자만 98년 기준으로 1억 4천 1백만 달러에 달하고 있다.

화낙을 방문했을 때 사장에게 한국의 벤처기업들이 화낙을 따라잡겠다고 목표를 세우고 노력하고 있는데 한국 기업들이 언제쯤 화낙과 비슷한 수준에서 경쟁할 수 있다고 보느냐?고 물어 보았다. 화낙 사장은, 한국기업들이 무서운 속도로 따라오고 있어 머지않은 장래에 일본을 따라잡을 것으로 본다, 그래서 직원들에게 더욱 분발 노력해야 한다고 독려하고 있다,고 일본인 특유의 겸손한 자세로 답하였다.

화낙이나 지멘스는 장사장이 이끄는 터보테크와 같은 종업원 300명 규모의 벤처기업이 도전하기에는 너무나 힘에 겨운 상대일지 모른다.

일전에 대학에 다니던 우리집 아이가 공장에서 견습을 하고 싶다고 해서 장사장에게 부탁해서 터보테크 청원공장에서 견습을 시킨 적이 있는데, 돌아와서 하는 이야기가 터보테크 직원들이 누가 시키지 않는데도 퇴근 후 저녁을 먹고 나서 거의 빠짐없이 사무실로 다시 돌아가 밤늦게까지 열심히 일하더라는 것이었다.

골리앗을 물리친 다윗의 이야기도 있지 않은가?

장사장의 독립군이 외국 거대기업에게 빼앗긴 메카트로닉스 분야의 국내시장을 회복하고 나아가서 세계의 넓은 시장을 차지하게 될 그날을 기대해 본다. (1999. 4)

37. 이찬진 사장과 한글과컴퓨터

　　필자가 이찬진 사장을 처음 만난 것은 이사장이 국회의원 전
국구 후보로서 순서에 의해 의원직을 승계하는 것으로 확정된 직후
63빌딩 안에 있는 모 식당이었다.

　　당시 이사장은 정치인이나 유명 벤처기업인 답지 않게 점심
식사 도중 거의 말이 없었으며, 간혹 상대방의 묻는 말에만 짧게 답
하던 모습이 지금도 기억에 선하다.

　　아래아한글 소프트웨어 개발로 한동안 한국의 빌 게이츠로
명성을 드높이던 이사장의 한글과컴퓨터사가 경영이 어렵다는 소
문이 나돌기 시작한 것도 그때가 아닌가 기억한다.

　　필자는 이사장을 대면하고 정치인답지 않게 성품도 조용하
고 우리나라 소프트웨어 개발에 있어 선구자적 역할을 하고 있는
인재를 왜 정치권에 영입해야만 하는가 하는 강한 의문을 가졌었다.

　　이사장은 정치인으로 이렇다할 활동을 보이지 못했고 한글
과컴퓨터사의 경영도 어려워져 본인이 지난 90년에 창업해서 키운
한글과컴퓨터사도 그만두게 되었다.

　　한글과컴퓨터사가 부도설이 나돌던 98년 어느 날, 자동차로

이동하고 있던 필자에게 이사장이 직접 전화를 걸어왔다.

그 동안 회사를 회생시키기 위해 다방면으로 노력했으나 회사 사정이 더욱 어려워져 부득이 부도를 내게 될 것 같다고 하면서, 이런 절박한 상황에서 문득 필자의 얼굴이 떠올라 전화를 한다고 어두운 목소리로 말을 건네었다.

평소에 전화 통화나 개별적인 접촉이 거의 없었던 이사장이 불쑥 전화를 걸어온 데 대해 처음에는 다소 의아하게 생각하였으나 얼마나 절박하였기에 필자에게까지 전화를 해 왔는가 하는 생각이 들었다.

우선 이사장을 위로 격려하고 절대 마지막까지 포기하지 말 것을 당부하였으며, 주거래은행이 어딘지 물어보고 내 나름대로 상황을 알아보겠다고 이야기했다.

필자는 한글과컴퓨터사의 자금문제가 화급하다고 판단하고 주거래은행인 한일은행장에게 바로 전화를 걸어 한글과컴퓨터사가 한글 소프트웨어 개발업체로 우리나라 벤처기업의 대표적인 기업이기 때문에 부도가 날 경우 벤처업계에 미칠 파장이 크다고 설명하고, 은행에서 최종 부도처리를 결정할 때 이와 같은 사정을 감안해 줄 것을 요청하였다. 다행히 한일은행에서도 부도조치를 다소 연기하고 벤처업계가 한글과컴퓨터사 살리기 운동에 적극 나섬으로써 한글과컴퓨터사는 기사회생하여 지금도 활발하게 운영되고 있다. 그러나 이찬진 사장은 이 와중에 정들었던 한글과컴퓨터사를 떠났으며 그 후 별도 벤처기업을 창업하여 현재 열심히 새로운 일에 매진하고 있다고 듣고 있다.

당시 한글과컴퓨터사의 경영위기는 우리나라 소프트웨어시

장의 구조적 문제와 맞물려 있었다. 즉, 소프트웨어는 공짜라는 인식이 팽배하여 민간부문에서는 물론 정부기관에서도 공공연히 한글 소프트웨어 정본을 구입하지 않고 복사본을 불법으로 만들어 사용하고 있었다.

한글과컴퓨터사의 경영위기를 계기로 정부가 앞장서서 소프트웨어 정품사기 운동이 전개되었으며, 검찰과 감사원이 정부기관의 소프트웨어 사용실태를 조사하는 등 강도높은 조사와 단속에 나섰다. 이러한 캠페인의 결과 아래아한글 소프트웨어 판매수입이 증가하고 일반 국민들의 출자도 이어져 한글과컴퓨터사는 다시 살아났으나 창업주인 이찬진씨에게는 너무나 때늦은 조치였다.

미국 소프트웨어시장도 70년 초까지 우리와 비슷한 상황이 전개되어 지금은 세계 최대 소프트웨어 회사가 된 오라클(Oracle)사를 비롯하여 미 소프트웨어업계에서 소프트웨어는 공짜라는 인식을 불식시키기 위해 무척 노력했다고 한다.

한글 소프트웨어는 미국의 IBM이 한글과컴퓨터사에 16억 원을 투자하였고 마이크로소프트사가 동 사를 거액에 인수하려고 했던 사실에 비추어 볼 때, 소프트웨어 시장이 불법 복제행위에서 제대로 보호될 경우 상당히 중요한 품목이자 시장임을 유추해 짐작할 수 있다.

한글 소프트웨어의 개척자인 이찬진씨의 공로를 치하하고 앞으로도 벤처업계의 발전에 큰 기여와 발전이 있기를 기대한다. (1999. 11)

VI

벤처강국 건설을 위한 제안

38. 우선 두터운 선수층을 양성해야

　　미국에서 대학이나 연구기관, 기업에 재직하면서 벤처비지니
스를 직접 체험한 인사들은 우리 정부가 추진하고 있는 벤처기업
육성책에 대해 의문을 제기하는 경우가 많다.

　　이분들이 주로 지적하는 사항은, 도대체 한국정부가 벤처기
업을 지정하여 (실제는 희망기업에 한하여 확인업무를 해 주고 있음)
자금을 우선 지원하고 (정부가 직접 지원하는 것이 아니라 창투사, 중
진공, 기술신보 등 전문기관을 통해서 지원하고 있음) 규제, 간섭하는
것은 벤처기업 발전에 아무런 도움이 되지 않는다는 것이다.

　　이분들의 지적에 대해서 공감이 가는 부분도 많지만 정부의
정책의도나 제도에 대해 충분한 자료나 정보가 없어 제대로 이해하
지 못하고 주장하는 경우도 있고, 특히 여건이 너무나 다른 미국과
직접 비교하여 이야기할 때는 곤란하다는 생각이 들 때가 있다.

　　벤처기업의 역사가 길게는 1세기 (산학 협력을 강조한 스텐포
드대학 설립부터 따지자면), 짧게 잡아도 60여년(실리콘밸리 벤처창업
1호인 HP사로 부터 치자면)이 넘는 미국과 벤처기업이라는 단어가
본격 등장한 지가 불과 3, 4년밖에 안 된 한국을 어떻게 평면 비교

할 수 있겠는가? 더욱이 세계 초일류대학이 즐비하고, 벤처캐피탈과 연구기관, M&A시장, 코스닥 등 벤처기업의 인프라가 완비된 미국의 벤처기업 여건과 우리의 여건을 어떻게 직접 비교할 수 있겠는가?

1950년대 소련의 스푸트니크(Sputnik) 위성 발사 후 미국정부가 우주항공산업육성과 군사부문의 기술개발을 위해 매년 수백억 달러의 연구개발비를 대학, 연구기관, 기업에 쏟아부었으며 이것이 오늘날 미국의 산업과 벤처기업 발전의 든든한 기초가 되고 있는 것은 주지의 사실이다.

이에 비해 우리 정부는 벤처기업의 육성과 발전을 위해 그 동안 얼마나 투자하였는가? 벤처분야에 대한 투자규모는 차지하고라도 벤처기업 정책의 목표에 대해 정부와 업계 그리고 관심있는 인사들 간에 충분한 이해와 합의도 이루어져 있지 않다고 본다. 필자의 생각으로는, 우리 경제와 중소기업의 여건에 비추어 볼 때 세계적인 벤처기업을 육성하기에 앞서 우선 중소기업 전반의 기술력을 향상시키는 일이 급선무라고 생각한다.

스포츠에 있어서도 선수들의 저변이 확대되어 선수층이 두꺼워야 그 중에 우수선수가 다수 배출되고 언젠가는 세계 챔피언도 기대할 수 있는 것이 아닌가?

축구시합에서 한국에 늘 밀리기만 하던 일본은 관련인사들이 힘을 모아 장기발전계획을 세우고 J리그 등을 통하여 선수들에게 많은 시합경험과 인센티브를 제공하는 한편, 일반인들의 축구에 대한 관심을 불러일으키는 다각적인 노력을 기울였다. 그 결과 이제 일본 축구는 야구 못지 않은 인기스포츠 종목으로 부상하였으며, 한·일간 축구시합도 한국측의 전통적인 투지를 감안한다 하더라도 반드시 한국팀이 우세하다고 전망하기 어려운 상황이 되었다.

한국 벤처업계가 미국이나 캐나다, 이스라엘, 유럽의 벤처기업들 못지 않은 세계적 수준의 벤처기업을 배출하려면 우선 두터운 벤처기업군을 형성해야 할 것이다.

매출액 대비 기술개발투자가 2% 이상 5% 수준인 일본 등 선진국은 차지하고라도 경쟁국인 대만의 2%대에 비해 불과 0.3% 수준의 기술투자로 어떻게 세계적 수준의 기술력을 보유한 벤처기업을 배출할 수 있겠는가?

한국의 벤처기업 육성책은 1단계로 기술력 있는 우수 중소기업을 육성하고 창업을 촉진하여 향후 중소기업의 발전을 주도할 우수중소기업군을 형성하는 것을 목표로 해야 한다고 생각한다. 현행 벤처기업의 법적 범위를 확대하여 보다 많은 중소기업을 지원대상에 포함시킨 정부의 의도도 바로 여기에 있다고 본다.

2단계에 가서는 캐나다, 이스라엘, 유럽국가들 못지 않게 우리도 미국의 나스닥(NASDAQ)에 많은 기업들을 상장시키고 세계적인 기업들을 대거 배출해야 한다.

1단계와 2단계의 시차는 짧으면 짧을수록 좋겠지만 세상만사가 그러하듯 지나치게 서두르면 일의 진행이 더욱 늦어지고 실패하기 쉽다. 나스닥에 성급하게 쫓아 간 한국기업 중 성공한 경우도 있으나 별 재미를 못보고 오히려 국내에서의 기업 이미지마저 손상되어 국내 주가까지 떨어뜨린 경우를 타산지석으로 삼아야 한다.

일전에 이태리 밀라노를 방문하였을 때 그 지역의 대표적인 벤처기업을 소개받아 회사를 방문한 적이 있었다. 한국에도 투자한

기업이었는데, 마침 미국 나스닥에 상장되었다고 하기에 사장에게
나스닥 상장 과정이 어떻더냐고 질문하였다.

이태리사장의 대답은, 매우 까다롭다, 나스닥에서 전문가를
회사에 보내어 상당기간 회사에 상주하면서 여러모로 꼼꼼하게 조
사하였다,고 대답하였다.

그 회사는 세계적인 기술을 가지고 있고 사업실적이 훌륭하
였는데도 코스닥 상장이 쉽지 않았다는 대답을 듣고, 우리 기업이
나스닥에 접근할 때는 여러 가지 준비가 필요하겠구나 하는 생각이
들었다. (2000. 2)

39. 정부는 벤처 기반의 확충에 진력해야

벤처기업의 육성에 있어 정부의 역할에 대해 논란이 많다.

어떤 이는 벤처기업의 특성상 벤처기업에 대해 정부가 간섭하면 할수록 벤처기업의 발전이 오히려 저해되기 때문에 정부가 나서지 않는 것이 최선의 정책이라고 주장한다.

다른 이는 우리나라 벤처기업의 제반 여건이 미국 등 선진국에 비해 여러 가지 미흡하기 때문에 아직은 정부가 적극 나서서 벤처기업에 대한 지원을 확대하고 제도정비를 서둘러야 한다고 주장한다.

벤처정책의 어려움이 바로 여기에 있다.

벤처정책에 대해 각계 인사들은 특정 사안에 대해 평소에 갖고 있는 생각, 개별적인 경험, 직간접으로 관련되는 이해와 입장에 따라 서로 다른 다양한 의견을 자유롭게 개진할 수 있다. 그러나 정책을 수립하고 집행하는 공무원은 결코 어떤 일방적인 의견에 치우쳐서는 안 되며 어떤 정책이 벤처기업을 육성하고 나라경제에 도움이 되는지를 심사숙고해서 결정해야 한다.

벤처기업 육성을 위해서는 우선 벤처기업의 장기적 발전을 위한 주요과제를 선정한 후 이와 같은 과제를 실행하기 위해 사업의 우선순위를 정해 단계적으로 추진해 나가는 것이 필요하다. 아울러 각계각층의 다양한 의견과 주장을 최대한 수렴하고 관련 당사자들에 대한 협의와 설득을 통하여 이들의 지지와 협조를 얻어내는 일도 중요하다.

벤처기업 육성을 위해 지난 수년간 정부는 많은 일들을 추진해 왔다. 워낙 벤처산업의 역사가 짧고 기반이 취약하기 때문에 추진과정에서 구태여 정부가 이런 일까지 해야 할 필요가 있느냐 하는 지적도 받았다. 그러나 우리나라 벤처기업의 여건은 아직도 미흡하고 취약한 점이 많기 때문에 정부의 적극적인 노력이 필요한 경우가 많다.

예를 들어 엔젤(개인투자가)이나 벤처캐피탈이 공급하는 자금이 절대적으로 부족하고 코스닥과 M&A시장이 제대로 작동하지 못하고 있는 요즈음과 같은 상황에서 벤처기업의 기술개발이나 창업에 필요한 자금을 누가 공급할 것인가?

코스닥시장이 침체하고 벤처캐피탈의 자금이 고갈되는 작금의 상황에서 볼 때 정부가 공급하는 기술개발 자금과 공공펀드를 통한 투자자금은 벤처업계로서는 가뭄 속의 단비와 같을 것이다.

최근 벤처기업의 자금조달 여건이 과거보다 다소 나아졌다고 하나 주로 초기투자를 담당하는 엔젤투자는 아직도 미흡하며, 투자자금 회수를 위한 코스닥시장은 제대로 작동되지 못하고 있고, 특히 M&A 시장은 아직 초기단계에 머물러 있다.

정부는 우선 벤처기업에 대한 자금공급이 원활히 이루어지도록 코스닥시장을 비롯한 벤처기업의 투자여건을 지속적으로 개선해 나가야 할 것이다.

그러나 벤처기업에 대한 정부의 지원은 개별기업에 대한 직접적인 지원보다는 벤처기업 전반의 발전을 위한 간접적인 지원, 즉 벤처 인프라의 조성에 역점을 두어야 한다고 생각한다. 즉, 불필요한 행정규제를 철폐하고, 각종 관련제도를 정비하며, 기술개발에 대한 지원을 더욱 강화하고, 우수한 인력의 양성과 공급, 창업공간의 확충, 관련 정보의 신속한 공급 등 민간기업이 담당하기 어려운 일들을 정부가 장기적인 안목에서 추진해 나가야 할 것이다.

아직도 여러 가지 개선해야 할 부문이 많이 있지만, 그 동안 창투사나 코스닥을 중심으로 벤처투자는 지속적으로 증가하고 있기 때문에, 엔젤이나 M&A시장의 발전을 유도하면서 정부의 벤처기업에 대한 직접적인 자금지원은 축소해 나가는 것이 바람직하다고 본다.

미국 등 선진국이나 경쟁국에 비해서 아직도 불리한 자금, 인력, 입지, 정보, 제도 등 벤처기업의 제반 경영여건을 개선하기 위해서는 정부의 보다 적극적인 지원과 노력이 필요하다고 생각한다. (1999. 10)

40. 첨단산업단지의 성공 요인

항공우주산업을 이야기할 때면 우선 미국의 항공우주국(NASA)이나 보잉사를 거론하게 되는 것은 매우 자연스러운 일로서, 이들이 세계 항공우주산업을 주도하고 있기 때문이다.

그러나 유럽의 프랑스, 영국, 독일 등이 연합하여 항공우주 분야에서 미국과 치열한 경쟁을 벌이고 있다는 사실은 일반인들에게는 잘 알려져 있지 않다.

프랑스 남쪽 스페인 접경에 위치한 뚤루즈(Toulouse)시는 유럽 항공우주산업의 본부라고 일컬어질 정도로 유럽 각국의 항공우주 관련 기업과 연구기관들이 밀접해 있는 곳이다.

뚤루즈시는 불과 30여년 전에는 평범한 유럽의 고도(古都)에 불과하였으나, 이제는 유럽 제1의 항공우주산업기지일 뿐만 아니라 전자, 정보통신, 생명공학산업 등을 중점 육성하여 유럽의 대표적인 첨단산업 도시로서의 위용을 자랑하고 있다.

필자가 프랑스대사관 상무관 재임시에 우리나라 기업인들과 함께 뚤루즈시에서 개최된 우주항공박람회에 참관한 적이 있었는데, 산자수명한 아름다운 자연환경을 그대로 살리면서 가장 첨단산업인 항공우주산업의 중심도시로 발전시킨 모습을 직접 확인하고 부러움을 금할 수 없었다.

뚤루즈시의 성공은 프랑스 정부의 야심찬 항공우주산업 육성정책과 뚤루즈시 당국의 행정능력이 만들어낸 합작품으로 이 지역의 우수한 연구 및 교육기반이 이를 튼튼히 뒷받침하고 있다.

뚤루즈시에는 항공우주를 비롯한 첨단분야에 400여 개의 연구기관이 밀집해 있으며, 이곳에서 1만 명이 넘는 연구원들이 연구개발에 종사하고 있고 10만 명이 넘는 학생이 대학에 재학중이다.

또한 뚤루즈시의 경우 대학과 연구기관을 육성함과 아울러 항공우주 산업을 초기부터 유치함으로써 연구개발과 산업발전을 연계시킨 점이 적중했다고 평가되고 있으며, 특히 지역 상공회의소가 대학을 설립하여 우수인재를 직접 양성·공급하는 등 모든 사업의 계획수립과 추진에 지역상공인들이 적극 참여한 점이 성공요인으로 지적되고 있다.

최근 우리나라도 지방자치단체들이 경쟁적으로 첨단산업단지 건설에 앞장서고 있다. 중앙정부와 지자체 그리고 지역상공인들의 보다 적극적인 참여와 협력으로 이들 사업들이 성공적으로 추진되어 지역경제는 물론 21세기 한국경제의 발전을 선도해 주기를 기대한다. (매일경제신문, 매경춘추, 99. 1. 27)

41. 부품, 소재 벤처기업을 육성하자

　우리나라 사람을 중국인과 비교할 때 가장 많이 지적되는 사항 중에 하나가 한국인은 명분과 모양을 중시하고 중국인은 실리를 중시한다는 점이다.

　그래서 중국인은 살고 있는 집이나 겉에 입는 의관보다는 먹는 음식에 더 투자하고, 한국인은 외부에 드러나는 집이나 의복에 더 신경을 쓴다고 한다.

　이와 같은 민족적 특성은 오랫동안 그 나라의 역사와 환경에 기인한 것으로 어느 것이 옳다 그르다고 간단히 이야기할 수 있는 문제는 아니지만, 우리가 실리면에서 좀 더 철저해야 하지 않겠는가 하는 생각이 들 때가 많다.

　경제면에서 볼 때 오랜 기간 기술과 자본을 축적해 온 미국, 일본, 유럽 등의 선진국들과 저렴한 노동력과 새로운 활력으로 뒤쫓아오는 중국 등 개도국들 사이에 위치한 우리나라는 정말 내실있는 경쟁력을 확보하지 못하면 앞날이 어떻게 될지 그 누구도 장담하기 어려울 것이다.

　우리나라 주요 산업의 발전과정을 살펴보면 거의 대부분의 산업이 조립산업을 먼저 육성하고 나중에 부품산업을 육성하는 전략을 택했음을 알 수 있다. 즉, 자동차나 전자제품, 조선, 기계공업 등 대부분의 산업이 예외없이 먼저 조립산업을 육성하고 주요 부품은 수입에 의존하였으며, 차후에 국산화정책을 추진하여 부품과 소재산업을 육성하는 방식을 택해온 것이다.

강박광 박사(호서대교수)는 그의 저서 『기술시대의 돌파구』에서 개발도상국의 기술발전단계는 도입된 기계나 생산설비의 운전기술을 습득하는 모방단계에서 출발하여 새로운 제품이나 설비를 개발하는 수준으로 발전한다고 하였다. 그런 의미에서 우리나라는 전자, 철강, 조선, 기계, 석유화학, 자동차 등 주요 산업에 있어 상당한 수준의 자체기술을 축적하고 부품과 소재의 국산화를 위해서도 열심히 노력해온 모범적인 국가라고 할 수 있다.

그러나 오늘의 현실은 우리에게 한 치의 방심도 허용하지 않고 있다.

이제는 남녀노소를 불문하고 필수품이 되다싶이 한 휴대전화기의 예를 보면, 속에 들어가는 600여 개의 부품 가운데 절반이 넘는 부품이 수입에 의존하고 있는 실정이며, 지난 99년에는 휴대전화 부품수입액만 21억 달러가 넘었다고 한다. 어떻게 보면, 겉으로만 국산으로 포장한 외국전화기를 정보통신 업체가 보조까지 하면서 국내시장에서 세일즈를 한 셈이다.

디지털방식의 경우 원천기술을 외국에서 도입하였으니 외국기업에 지불한 로얄티를 감안하면 국내에 떨어지는 가득액이 얼마나 될지 염려스럽다.

휴대용전화뿐만 아니라 컴퓨터, 발전용 가스터빈, 산업용 로

봇 등 이른바 첨단기술제품의 경우 예외없이 기술과 부품의 높은 해외의존도를 나타내고 있다. 이와 같이 부품, 소재, 기계류는 우리나라 무역수지에 있어 만성적인 적자요인이며, 특히 대일무역적자의 주범이기도 하다.

따라서 부품산업의 육성과 발전은 우리나라 무역수지를 획기적으로 개선하고 조립산업에 치중하고 있는 우리나라의 산업구조를 선진국형으로 고도화하며 역량있는 중소기업을 육성하기 위한 우리산업의 최대 과제라고 할 수 있다.

그런데 왜 정부와 기업이 그토록 부품산업의 중요성을 오랫동안 강조해 왔음에도 불구하고 아직도 잘 안 되고 있는가? 한마디로 부품을 생산하는 중소기업의 기술수준이 아직 선진국에 비해 크게 뒤떨어져 있기 때문이라고 생각한다.

선진국 기업들이 기술면에서 워낙 앞서 있는 데다가 매년 매출액의 2% 이상을 기술개발에 투자하고 있는 반면에, 우리나라 중소기업의 기술개발 투자는 매출액 대비 0.3%(97년 기준)에 불과한 실정이다. 경쟁국인 대만의 경우에도 중소기업들이 매출액 대비 약 2%를 연구개발비로 투자하고 있다.

그렇다면 기술이나 자금면에서 절대적으로 열세에 놓여 있는 우리나라 부품중소기업에 활로는 없는 것인가?

이와 같은 중소기업의 구조적 제약과 한계를 돌파하기 위하여 정부가 내놓은 야심적인 전략이 바로 벤처기업 육성정책으로, 이 정책을 통해 선진국 기업에 크게 뒤떨어진 우리나라 중소기업의 기술수준을 획기적으로 제고시키고자 하는 것이다.

중소벤처기업으로 우수한 인력과 자금이 몰려들게 되면 중소기업 전반의 기술개발과 경영환경이 획기적으로 개선될 수 있다. 아울러 벤처기업의 발전은 만성적인 경영난에 시달려 실의에 빠진 우리나라 중소기업들에게 하면 된다는 실례를 보여줌으로써 자신감을 되찾게 해 줄 수 있다. 벤처기업의 육성을 통해 세계적인 부품 중소기업이 대거 배출되고 이로 인해 조립산업의 경쟁력도 동시에 강화될 수 있는 것이다.

정부가 벤처기업 육성정책을 강력히 드라이브할 때 정부가 실체가 불투명한 인터넷이나 소프트웨어 산업만을 육성하여 실패를 자초한다는 일각의 지적은 이와 같은 정부의 정책의도를 간과한 반론이라고 생각한다.

인터넷이나 소프트웨어분야의 기업은 벤처기업 전체의 30%에 불과하며 나머지는 제조업 분야의 우수 중소기업들이다. 부품, 소재, 기계분야에서 선진국 기업과 대등한 실력을 가진 기술집약적이고 경쟁력있는 벤처중소기업이 대거 등장해야 한다. 그런 의미에서 벤처기업 정책이 최근 코스닥시장을 중심으로 왜곡되고 후퇴하고 있는 것은 참으로 안타까운 일이 아닐 수 없다.

이제부터 부품중소기업을 내실있게 육성하여 비록 껍데기는 다른 나라에 주더라도 속에 든 부품을 메이드 인 코리아로 가득 채워 나가야 하겠다.

21세기에는 한국인이 명분과 모양뿐만 아니라 내실을 존중하는 실사구시의 정신이 충만한 민족으로 전 세계에 널리 알려지기를 기대한다. (2000. 9)

42. 점검없는 제도는 실효가 없다

　가뜩이나 어려워져 가는 국내경제 여건 속에서 최근 사이비 벤처기업과 신용금고가 합작하여 대형 금융사고를 저지르고 있어 벤처업계와 국민들을 짜증나게 하고 있다.

　이들 사고는 기본적으로 사이비 벤처기업인이 저지른 범죄이지만 이런 범법행위를 당국에서 왜 사전에 인지하고 적발하지 못했느냐는 지적도 많다.

　우리 속담에 열 사람이 소 도둑 한 명을 지키지 못한다는 말이 있듯이, 교묘한 범죄사실을 사전에 파악하여 단죄한다는 것이 쉬운 일은 아닐 것이다.

　그럼에도 불구하고 이런 사건들이 벤처업계나 우리 경제에 미치는 심각한 영향을 고려할 때 당국은 무슨 일이 있더라도 이를 사전에 인지하고 감독하고 시정 또는 단죄하는 시스템을 가동시켜야 한다고 생각한다.

　필자는 공직에 재직할 때는 일본을 방문하면 주로 동경이나 오사카에 하루이틀 머물다가 돌아오곤 했는데, 공직에서 벗어나 작년 말에는 오랫만에 일본 후쿠오까 지방을 여행할 기회가 있었다.

후쿠오까 여행에서 새삼 느낀 것은, 일본이 인종이나 풍물은 우리와 비슷해 외국을 여행하는 기분이 안 들 정도로 친숙한 생각이 들지만, 유심히 살펴보면 우리나라와 다른 점이 많다는 사실이다.

후꾸오까의 어느 지방에 있는 온천장을 들어가 보니, 우선 입구에서 한 사람당 큰 수건 한 장, 작은 수건 한 장을 주는 것부터가 우리하고 달랐다. 수건 두 장으로 목욕을 끝내도록 하는 절약시스템이 되어 있는 것이다. 그리고 목욕을 하면서 주위를 살펴보니 탕 바닥에 손님들이 내팽개친 수건이 하나도 보이지 않는 것이 이상하였다. 일부러 목욕탕을 한 바퀴 돌아보아도 섭섭하게(?) 단 한 장의 버려진 수건도 보이지 않았다.

절약시스템과 더불어 공중도덕의 실천이 이루어지고 있는 것이다.

필자가 사는 동네는 서울의 중산층이 모여 산다는 꽤 알려진 곳으로 필자는 꽤 비싼 값을 치르고 아파트 인근에 있는 헬스클럽의 목욕탕을 가끔 이용하고 있다.

그런데 매번 이곳을 이용할 때마다 불쾌하게 느끼는 것은, 탕을 이용하는 일부 손님들이 자기가 사용한 수건을 수거함에 버리지 않고 바닥에 여기저기 아무렇게나 던져두고 나가는 것이다. 도덕군자도 아닌 평균적인 시민에 불과한 필자로서도 이들이 내 던진 수건들을 주워서 수거함에 넣을 때마다 우리 사회의 공중도덕 수준에 대해 회의를 느끼곤 하였다.

일본은 치밀한 연구와 섬세한 작업을 요하는 반도체, 컴퓨터, 첨단전자제품 등에 세계적인 우위를 나타내고 있다.

이런 산업들은 일본 국민들이 대중목욕탕에서 보여주는 것과 같은 평소의 청결하고 검약하는 생활습관에 힘입은 것이 아닐까 하고 짐작해 보기도 한다.

또 하나 일본에서 필자가 눈여겨 본 것은, 국제선은 물론이고 국내선의 경우에도 항공사 직원들이 출구에서 짐표와 짐을 일일이 대조하는 모습이었다.

우리나라 국내선의 경우 짐을 발송할 때는 짐표를 발급하여 항공권에 첨부해 주는데, 비행기를 내려 공항 출구를 나올 때는 웬일인지 짐표와 짐을 대조하지 않는 경우가 대부분이다.

항공사 직원들의 일손이 부족하기 때문인지 알 수 없으나, 나중에 점검하지도 않을 짐표는 무엇 때문에 붙이고, 분실사고가 났을 경우 또한 붙인 짐표는 무슨 소용이 되겠는가?

우리나라의 경우 매년 대형사고가 끊이지 않고 있는데, 이것은 1차적으로 해당 시설의 보안관리를 담당하고 있는 사람들의 책임이겠지만 공항의 짐표처럼 보안에 대한 점검시스템의 문제도 있지 않을까 생각한다.

최근 국제원유가격이 등락을 거듭하고 있어 석탄 이외에는 이렇다할 부존 에너지자원이 없는 우리나라는 원유가 인상이 우리 경제에 미치는 부정적인 영향에 대해 걱정이 많다. 우리 입장에서 볼 때, 에너지의 경제성에 있어서 단연 앞서는 원자력 발전은 매우 매력적이지만, 원자력발전은 일단 사고발생시 피해가 워낙 크기 때문에 안전관리에 만전을 기해야 한다.

원자력발전소의 경우 발전을 위해 투입되는 핵연료를 중심으로 4중 5중의 안전장치가 되어 있어 핵발전소의 사고로 방사능이 전면 누출될 가능성은 거의 없다고 한다.

　　그럼에도 불구하고 1979년에 발생한 미국의 원자력발전소
(Three Mile Island) 사고나 1986년에 발생한 구소련의 체르노빌
(Chernobyl)원전사고 등을 계기로 미국은 원자력발전소에 대한 안전
규제를 대폭 강화하였고, 유럽이나 여타국에서는 환경보호운동단체
를 중심으로 원전 건설에 대해 끊임없이 반대운동을 전개하고 있다.

　　석유 등 주요 에너지를 대부분 해외에 의존하고 있는 우리의
입장에서 에너지비용을 줄일 수 있는 원자력발전소의 건설은 불가
피한 선택이지만 원전의 안전성을 확보하기 위해서는 점검하고 또
점검하는 안전시스템이 현장에서 한 치의 착오 없이 제대로 작동되
어야 할 것이다.

　　우리 사회 전반의 안전도를 높이고 사고로 인한 피해를 최소
화하기 위해서는 끊임없는 점검시스템의 개선과 더불어 실제 현장
에서 실무책임자들의 성의있는 점검작업이 지속적으로 이루어져야
한다.

　　벤처기업과 관련되는 이런저런 사고의 보도를 접하면서 이
런 문제들도 결국 빈틈없는 감독시스템과 철저한 현장점검 및 확인
으로 예방할 수 있지 않을까 생각해 본다. (2000. 8)

43. 기술과 경영의 벽을 없애자

　　벤처기업이 기술을 바탕으로 하는 기업이라고 해서 기술이 벤처의 전부는 아니다.

　　우리나라의 성공한 벤처 1세대들(주로 창업한 지 10년 이상 된 벤처기업의 대표들)은 대부분 이공계 출신으로, 이들은 이구동성으로 기술 하나만을 믿고 창업하였으나, 막상 창업하고 보니 기술 외적인 어려움이 더 많다고 토로하고 있다.

　　한 동안 잘 나가던 벤처기업이 어려움을 겪고 있다고 해서 그 내용을 알아보면 기술적인 애로보다는 기업자금의 운용이나 투자선과의 불필요한 마찰 등 기술외적인 문제가 많았다. 그러나 현실적으로 일상업무만으로도 시간에 쫓기는 벤처기업인들이 기술과 경영에 충분한 시간과 노력을 안배하는 일이 쉽지 않을 것이다.

　　일본의 소니를 창업하여 세계적인 기업으로 육성한 盛田 昭夫(Morita Akio)씨는 회사인감을 아예 전문경영인에게 맡겨두고, 본인은 주로 회사내 연구소에서 시간을 보냈다고 하니, 관공서나 은행을 하루종일 쫓아다녀도 시간이 모자라는 우리 기업인들에게는 꿈같은 이야기가 아닐 수 없다.

　　기업경영은 기술과 경영 어느 것도 소홀히 할 수 없기 때문에 기업의 가용자원을 기술개발과 경영관리 어느 쪽에도 치우치지 않고 균형있게 배분해야만 그 기업이 효율적으로 운영되고 발전할 수 있을 것이다.

　　또한 기술부서와 경영부서 간에 상호 긴밀하게 의사소통과 협력이 이루어져서 시너지효과가 나타나도록 조율하는 일도 경영자의 주요 역할이라고 생각한다. 우수한 기술을 확보하고 경쟁력있는 제품을 생산하고도 자금의 적절한 운용에 실패하여 문을 닫은 벤처기업의 소식을 접할 때마다 참으로 안타까운 마음을 금할 수 없었다.

　　80년대 후반 미국 MIT대학 자동차산업 연구팀과 세계 자동차산업 연구 프로젝트에 필자가 일부 참여한 적이 있었는데, 이때 처음으로 기술경제학자(Techno-Economist)라는 개념을 접하게 되었다. 기술경제학자란 기술과 경제, 경영을 두루 공부한 사람을 칭하는 것으로 미국에는 이미 오래 전부터 사용되고 있는 용어이다.

　　이 프로젝트에 참여한 MIT연구원들과 접해 보니 경제학을 공부한 연구원들은 자동차 등 산업기술에 대해 상당히 깊이 알고 있었고, 이공계 분야를 공부한 연구원의 경우에는 경제와 경영에 대해 공부를 많이 한 사람들이었다.

　　우리나라의 경우 공과대학 출신은 의례히 경제나 경영에 대해서는 잘 모르는 것으로 치부되고, 경제나 경영학 등 사회과학을 공부한 사람은 나는 기술적인 것은 잘 몰라서… 라고 아예 기술적인 문제에 등을 돌리는 경우가 많다.

　　기업경영에 있어 기술의 중요성이 더욱 증대되는 추세에 있기 때문에 기술분야와 비기술분야를 칼로 무 베듯이 나누어서는 안 되며 양 분야간에 긴밀한 의사소통과 협력이 필요하다. 이를 반영하듯 최근 우리나라 대기업의 최고경영자의 대학전공을 조사한 것을 보면 공과대학 출신의 숫자가 점차 늘어나고 있다고 한다.

기업의 경우, 예를 들어 마케팅 부서는 시장에서 변화하는 소비자의 기호를 분석하여 신속하게 기술 및 생산부서에 전달하여 소비자가 선호하는 제품을 경쟁사보다 앞질러서 개발 생산하는 것이 경쟁에서 이기는 길이다.

따라서 기술분야를 전공한 사람도 필요한 경우 비기술적인 분야에 관심을 갖고 공부해야 할 것이며, 반대로 경영학 등 사회과학을 전공한 사람도 기술의 중요성이 날로 커져가는 작금의 상황에서 기술적 문제에 대해 보다 많은 관심을 갖고 노력을 기울일 필요가 있다고 본다.

벤처기업처럼 소수의 인원으로 구성되어 있는 기업조직으로서는 사장은 물론 모든 직원이 소속 기업의 기술과 경영의 주요 내용을 이해하고 있으면 기업발전에 큰 도움이 될 것으로 생각된다.

정부가 기업의 기술개발을 지원하는 경우에도 이와 유사한 문제에 봉착하게 된다. 기술개발 정책을 수립하고 집행함에 있어 행정직 공무원과 기술직 공무원이 긴밀히 협력하지 않으면 좋은 성과를 기대하기 어렵다.

정부가 민간의 기술개발을 지원할 경우 일단 방침이 결정되어 자금이 집행되더라도 기술적 내용을 잘 아는 공무원이 없으면 기술개발의 구체적인 진행상황이나 진도에 대해 정확히 파악하기 어렵고 또한 기술개발의 성과를 제대로 평가할 수도 없다.

일본의 통산산업성에는 전체 공무원의 절반이 넘는 이공계 출신의 기술직 공무원이 산업기술정책 수립과 행정업무에 종사하고 있다. 기술을 아는 공무원이 행정을 익혀 산업정책을 수립하고 민간의 기술개발을 지원함으로써 일본은 미국 다음가는 세계 최강의 산업기술강국으로 발전하였다.

이들 공무원들은 일본 유수의 공과대학 출신으로 기업이나 연구기관에 근무하는 동창들과 긴밀한 협조채널을 구축하여 효율적인 기술정책 수립과 지원행정을 수행하고 있다고 한다.

반면에 우리나라 산업기술정책을 수행하고 있는 산업자원부를 비롯한 기술행정부처는 기술직 공무원이 매년 줄어들고 있으며, 최근에는 그나마 몇 안 되는 우수한 기술직 간부 직원들마저 잇달아 행정부를 떠나고 있다.

보다 우수한 기술직 공무원을 더 많이 임용하고 활용하기 위해서는 기술직 공무원에 대한 인사 및 처우를 획기적으로 개선해야 한다.

단기적으로는 기술 관련 행정기관의 공무원들이 비록 자기 전공분야가 아니더라도 기업의 기술개발에 대해 보다 많은 관심과 노력을 갖고 적극 지원해야 한다. 장기적으로는 미국처럼 우리도 기술과 경제, 경영과 기술을 모두 이해하는 기업인과 우수한 기술경제학자, 그리고 기술경제관료를 많이 양성해야 한다.

이들로 하여금 21세기 기술패권시대에 벤처기업의 육성과 한국기술의 발전을 위한 최선의 전략을 수립하게 하고 또 집행하도록 하자. (2000. 3)

44. 운영의 묘를 살리자

　　우리나라의 기술정책은 주로 3개 부처에서 수립 집행하고 있다. 산업자원부는 산업현장에서 필요로 하는 기술과제를 중심으로 기술개발 지원업무를 수행하고 있고, 과학기술부는 중장기 기술과제를 발굴하여 출연연구기관을 중심으로 기술정책을 추진하고 있으며, 정보통신부는 정보통신분야에 대해 집중적으로 지원업무를 수행하고 있다.

　　그러나 기업이나 일반국민들이 볼 때 이들 부처에서 발표하는 정책이나 하고 있는 일들이 비슷하게 보이기 때문에 이들 부처의 통폐합 문제가 심심찮게 거론되어 왔고, 실제 지난 번 행정조직 개편에서도 여러 가지 검토가 있었던 것으로 알고 있다.

　　행정조직의 개편이나 기능조정은 그에 따른 장단점이 있기 때문에 신중한 검토가 필요하며, 잘못 단행된 조직개편은 오히려 행정능률을 떨어뜨려 국민경제에 심각한 영향을 미칠 수도 있다.

　　기술행정조직의 통합은 기술정책을 보다 종합적으로 추진할 수 있다는 장점이 있는 반면, 잘못하면 현재 3개 부처가 나름대로 특징을 가지고 추진하고 있는 기술정책에 혼선을 초래할 우려도 있다.

　국민의 정부가 들어선 이래 행정조직 개편이 이미 2차에 걸쳐 단행되었기 때문에 현실적으로 기술관련부처의 개편이 다시 거론되기는 어려운 실정이므로 당분간은 현행 체제에서 최대한 운영의 묘를 살려 나가는 수밖에 없을 것이다.

　최근 발간된 경제신문을 보면 이른바 신산업에 대한 정부부처의 경쟁적 개입으로 관련업계에서는 정부로부터 실질적인 도움을 받기보다 오히려 불편이 많다는 내용이 보도되었다. 민간업계에서 정부로부터 조금이라도 지원을 끌어내기 위해 온갖 노력을 다하던 과거와 비교해 볼 때 세상이 많이 변하였음을 실감하게 해 준다.

　우리나라도 경제발전에 따라 전반적으로 시장기능이 확대되고 정부의 기능과 역할은 축소되는 경향을 나타내고 있다.

　산업발전을 업종별로 살펴보면, 이른바 전통산업인 굴뚝산업들은 전반적으로 정체현상을 나타내고 있는 반면에 정보통신, 인터넷, 소프트웨어, 컨설팅, 전자상거래 등 이른바 신산업들은 최근 급속한 발전을 보이고 있다. 이와 같이 경제와 산업환경이 워낙 급속하게 변화하고 있기 때문에 정부의 정책과 행정면에서의 대응은 업계에 비해 뒤떨어지게 마련이다.

　예를 들어 IMF 외환위기 이후 각광을 받고 있는 컨설팅업의 경우 그 동안 복덕방과 같은 서비스업으로 분류되어 세제면에서나 행정적으로 응분의 대접을 받지 못하고 있다고 해당 업계는 불만이 많았다.

　관련부처가 이른바 신산업분야에 대해 선점의 효과를 거두기 위해 시책을 경쟁적으로 발표하거나 관련업계 대표를 모아 의견을 청취하는 등 활발한 움직임을 보이는 것은 나름대로 이해할 수도 있겠다.

그러나 관련업계나 일반 국민들의 입장에서는 부처간에 업무 중복과 혼선을 빚고 있는 것처럼 보이고 특히 업계 인사들은 여기저기서 회의에 참석하라고 연락이 오니 그렇지 않아도 바쁜 형편에 불만이 생기지 않을 수 없다.

이와 같은 문제에 대해 명쾌한 해결책을 제시하기가 생각보다 쉽지 않다.

관료의 역사가 오래되고 관료체제가 확립된 일본의 경우에도 국제통상협상에서 외무성과 통산성이 때로는 서로 경쟁하고 때로는 협조하면서 회의에 임하는 모습을 국제회의장에서 여러 번 목격하였다.

정부부처들도 선의의 경쟁을 통하여 최선을 다하고 그 결과가 국익에 도움이 되는 방향으로 나타난다면 일부 중복과 혼선은 용인될 수 있다고 본다. 문제는 경쟁의 정도가 지나쳐 중요한 통상교섭에서 적전분열 현상을 나타내거나 국익보다 부처의 입장을 우선적으로 고려하는 등의 일이 생기는 것은 용납될 수 없는 것이다.

벤처기업 육성의 기반을 구축하는 작업이 한창 진행되던 98년 초에 벤처기업 육성정책의 주관부처를 어디로 할 것인가 하는 문제가 제기되었다.

이 문제는 정부 내에서 1차 조정작업을 거친 후 이어 당정협의를 거쳐 주관부서를 일단 중소기업 지원행정을 총괄하는 중소기업청으로 하도록 결정하였다. 아울러 정보통신부, 과학기술부, 산업자원부 등 관련부처의 담당국장들이 참여하는 협의체를 구성하여 주요 사안에 대해서는 이 협의체를 통하여 사전에 부처간 의견을 조율하도록 하였다.

이와 같이 부처별 역할과 기능을 명확하게 정하는 것도 중요하지만 사실상 부처간에 일부 업무와 기능의 중복이 불가피할 경우 결국에는 운영의 묘를 기할 수밖에 없다. 그런 의미에서, 벤처기업 육성을 위한 정책수립과 지원행정이 지금까지 관련부처간에 큰 마찰 없이 진행되고 있는 것이 그 좋은 예가 아닐까 생각한다.

과거 경제기획원이 부총리제와 예산기능을 중심으로 정책조정기능을 활발히 수행하여 우리 경제 발전에 많은 역할과 기여를 한 점도 되새겨 보아야 할 것이다. (2000. 6)

VII

통상과 산업정책의 현장에서

45. 통상협상의 현장

　　상공부 국장 시절 대미통상협상 대표로 맹활약하였던 황두연씨(현 통상교섭본부장)는 통상협상 전문가의 자질에 대해 필자에게 다음과 같이 이야기한 적이 있다.

　　협상전문가는 기본적으로 세 가지 능력을 구비해야 하는데, 첫째는 협상에서 자신의 입장을 정확하게 설명하고 나아가서 상대방을 설득할 수 있는 수준의 외국어 실력, 둘째는 협상 사안에 대한 충분한 이해와 지식, 셋째는 협상이 진행되는 과정에서 적절한 내용을 적절한 시기에 타이밍을 맞추어 발언하는 능력, 즉 협상기술이 요구된다.

　　황사장이 지적하는 첫째 조건인 충분한 영어실력을 갖추는 문제부터가 만만치 않다.

　　미국에서 학부 과정부터 시작하여 박사과정을 끝내고 강의를 하시다가 미국 체류 10여년을 정리하고 귀국하신 그야말로 정통 영어를 자유롭게 구사하시는 교수님 한 분이 한국사람에게 영어는 영원한 숙제이다. 한국사람으로서 아무리 영어를 잘 한다고 하더라도 영어에 콤플렉스가 없는 사람이 있겠는가? 라고 필자에게 하시던 말씀이 기억난다.

　　필자의 경우에도 중학교 시절부터 영어를 배우고 미국에 건너가서 대학원과정을 1여년 공부도 하고 해외근무를 3년을 넘게 하였는데도 외국인을 만날 때나 국제회의에 참석하면 항상 긴장하게 되고 정신차려 듣지 않으면 중요한 대목을 빠뜨리기가 십상이었다. 일전에 한국학생들에게 영어를 가르치는 미국인 강사가 외국어는 녹는 얼음(melting ice)과 같아, 열심히 공부하다가 한동안 연습하지 않으면 영어실력이 얼음처럼 녹아버려 다시 잘 안된다고 한 이야기가 실감이 난다.

　　여하간에 외국인들과 교섭할 경우 외국어, 그 중에서도 영어는 그야말로 기본이라고 할 수 있다.

　　일전에 중소기업부문 APEC 각료회의에 참석해 보니 중국과 일본대표가 영어가 안 되는 분이 참석하였는데, 회의 때는 물론이고 리셉션이나 식사 때도 일일이 동시통역이 따라다니면서 통역을 하는 데 본인은 물론 듣는 사람도 힘이 들고 농담까지도 통역을 해야하니 불편하고 외교의 효과도 반감되는 경우를 목격하였다.

　　우리나라도 이제는 경제규모가 세계 10위권의 국가로 발전하였는데 우리 위상에 걸맞게 이제부터라도 다음 세대는 외국어 특히 영어교육을 철저히 시켜야 하겠다. 필자의 세대보다 영어교육의 여건이 훨씬 유리해져 젊은 세대들의 영어실력이 많이 나아졌다고 하나, 국제회의 같은 곳에서 젊은 공무원들의 영어구사능력이 아직 기대에 미치지 못하는 것을 볼 때 역시 학교에서 가르치는 영어교육이 문제가 있지 않나 하는 생각이 들 때가 많다.

　　협상에 있어 영어가 수단이라고 한다면 기본은 역시 현안 사항에 대한 충분한 이해와 해박한 지식이라고 할 수 있다.

현안 사항에 대해 철저히 공부하지 않고서는 영어로 쓸데없는 소리만 하게 되고 이럴 경우 협상 상대방은 5분도 지나지 않아 상대방이 현안사항을 제대로 파악하지 못하고 있다는 사실을 금방 눈치채게 된다. 권투선수가 링 위에 올라서서 서로 잽을 몇 번 교환해 보면 상대방의 펀치력과 실력을 금방 알게 되는 것과 마찬가지이다. 다소 표현력이 어눌하더라도 협상 사안에 대해 핵심을 지적하고 논리정연하게 대응하면 협상 상대방은 조심하게 되는 것이다.

결국 상대방을 자기 페이스로 유도하기 위해서는 현안사항에 대한 정보와 분석, 판단과 전망 그리고 대안의 제시에 있어 상대방보다 앞서 있음을 입증해 보여야 한다.

그렇게 하기가 어디 쉬운 일이겠는가?

필자도 대외협상에 임하면서 실무진들과 함께 각종 관련자료를 분석하고 다른 나라의 입장과 움직임을 주시하고 외부 전문가의 의견을 듣고 업계의 입장을 수렴하고 협상문서와 관련 규정을 숙독하고 협상 전에 주요국 대표와 사전 협의를 가지는 등 협상에 임해서는 물론 협상준비에도 많은 노력을 쏟았던 기억이 새롭다.

협상대표의 능력이 아무리 탁월하고 최선의 노력을 기울이더라도 협상의 대세라는 것이 있어서 협상의 결과가 만족스럽지 못한 경우도 많다. 한국이 과거보다 국제적 위상이 크게 높아진 것은 사실이나 아직도 세계의 흐름을 주도하는 것은 미국을 비롯한 유럽과 일본 등 G7 국가이다.

협상력은 바로 국력이라는 말이 있듯이, 협상의 최종 국면에 가서는 결국 국력이 힘을 발휘하는 것이다. 이것은 국제사회에 있어서 어쩔 수 없는 현실이다.

그러나 국익(또는 기업이익)을 위하여 주어진 여건하에서 최선의 결과를 얻어야 하는 것이 협상에 임하는 대표의 임무이기 때문에 우선 협상에 가장 적합한 인사를 협상대표로 선발해야 하며, 선발된 협상대표는 성공적인 협상을 위해 최선을 다해야 하는 것이다.

일본 정부대표단과 함께 협상을 할 때 놀란 적이 있었다.

일본측 수석대표가 아침 회의에서 피곤해 보이길래 물어 보았더니, 매일 회의가 끝나고 현지 대사관에 가서 당일의 회의결과를 정리해서 본부(동경)에 보고한 후 본부의 협상지침을 기다려 전달받으면 대략 새벽 2시 내지 3시경이 되어야 겨우 잠자리에 들게 된다는 것이다.

우선 일본대표단들의 부지런함에 놀랐고, 그보다 현지(제네바)와는 낮과 밤이 뒤바뀌어 동경은 한밤중인 시간에 사무실에 출근하여 협상대표단의 보고를 챙기고 분석하여 다음날의 협상지침을 보내는 일본 통산성 본부 사람들의 철저한 근무자세였다.

우리 경우는 당시 철강협상이 우리나라 철강업계에 매우 중요한 협상임에도 불구하고 정말 긴급한 사항이 아니면 서울에 있는 본부 사람들을 깨우는 것은 곤란하고 대부분 현지 대표단이 알아서 해결해야 하는 것이 관례이기 때문에 일본과 더욱 비교가 되었다.

일본의 예가 아니더라도, 협상에서 최선의 결과를 얻기 위해서는 실제 협상에 임하는 협상대표들과 이들에게 협상지침을 부여하는 본부인사들이 일심동체가 되어 최선의 노력을 기울여야 한다.

또한 협상결과가 불만족스럽게 나타났을 경우에는 직접 협상을 수행한 협상팀뿐만 아니라 협상지침을 준 본부인사들도 함께 책임을 져야하는 것이다.

　　최근 대우자동차와 한보의 대외협상이 결렬되었다는 우울한 소식을 들으면서 기업과 정부 공히 대외협상력을 높이기 위한 중장기대책이 필요함을 다시 절감하게 된다. (2000. 6)

46. OECD 조선협상

지난 91년 초부터 92년 말까지 약 2년간 필자는 통상산업부 국제협력관으로 일하면서 각종 다자간 통상협상에 참여하였는데, 그 중 가장 기억에 남는 협상이 OECD가 주도한 다자간 조선협상(Multilateral Negotiation on Shipbuilding)이었다.

이 협상은 일본이 세계 조선시장을 석권하면서 유럽과 미국의 조선소들이 연이어 폐쇄되고 수많은 조선소 근로자들이 직장을 잃게 됨에 따라 조선문제가 OECD 각국의 정치현안으로 부각되자 OECD의 조선부회(Working Party 6)가 중심이 되어 미국, 유럽, 일본, 한국 등 16개국이 참가한 가운데 89년 10월부터 개최되었다. 즉, 일본 조선업계의 독주를 견제함과 아울러 미국과 유럽 조선업계의 반발을 무마하고 정치사회적 파장을 최소화하기 위한 목적으로 미국 주도로 개최된 협상이었다.

한국은 OECD의 회원국이 아니기 때문에 OECD의 규정에 의해 당연히 조선부회(WP6)의 회원국이 아니며, 따라서 동 협상에 참여할 필요도 없고 참여할 수도 없는 입장이었다.

그러나 조선협상이 시작된 90년에 한국은 일본 다음으로 세계 조선시장의 약 40%를 점하는 세계 제2위 조선국이었기 때문에 한국을 제외한 조선협상은 사실상 무의미한 것이었다.

OECD는 OECD회원국이 아니면 산하 위원회에 참여할 수 없도록 되어 있는 규정까지 고쳐 한국을 동 협상에 참여토록 하였으며, 한국은 조선산업 덕분에 비회원국이면서도 파리(Paris) 본부 회의실에서 개최된 조선회의의 가장 중요한 손님으로 당당히 초청된 것이다.

그 동안 OECD내에서 유럽과 미국의 조선업계의 몰락에 따른 모든 비난을 혼자 뒤집어쓰고 있던 일본은 한국의 협상 참여를 호재로 판단하고 적극적으로 한국을 동 협상에 끌어들이는 데 한 몫을 하였다고 판단된다.

동 협상의 최대 쟁점은 유럽경제공동체(현 EU, 당시는 EC)가 제의한 불공정한 조선수주가격에 대한 제재(Unfair Pricing Mechanism)였다. 우리나라는 이와 같은 유럽측의 제의를 그 동안 조선분야에 적용되지 않던 덤핑제도를 조선분야에 도입하여 우리 조선업계를 압박하려는 의도로 판단하고, 세계조선시장을 사실상 양분하고 있는 일본과 공동보조를 취하면서 우리 조선업계에 미치는 영향을 최소화하기 위해 노력하였다.

다자간 협상이란 묘한 것이다. 이 협상은 기본적으로 선박 수입국인 미국과 유럽, 선박 수출국인 일본과 한국의 입장이 대립되는 구도이지만, 다자간 협상이 대부분 그러하듯이, 구체적인 사안에 따라 미·일·한·유럽간에 합종연횡이 그때그때 다르게 이루어지곤 하였다.

유럽의 불공정가격에 대한 제안을 중심으로 갑론을박하며

어렵게 협상을 진행하고 있는데 미국이 돌연 우리에게 매우 불리한 새로운 제안을 내 놓았다.

미국은 특정 국가의 조선소가 정부로부터 보조금을 받거나 불공정가격(덤핑가격)으로 선박을 수주하여 수출하는 경우 관련국의 조선회사가 자국내 법원에 제소할 수 있고, 만일 승소할 경우 선박수출국 정부를 통해 해당 조선소에 과징금을 징구토록 하자는 내용을 제안하였다.

즉, 한국의 조선소가 미국으로부터 수주한 선박이 우리 정부의 보조금을 받았거나 가격을 불공정하게 낮게 책정하여 수출했다고 미국 조선업계가 판단할 경우, 미국 조선업계는 미국내 법원에 이를 제소할 수 있으며, 승소할 경우 미국 조선업계가 입은 피해를 보상할 수 있는 만큼의 과징금을 한국정부를 통해 해당 조선소에 부과 징수한다는 것이다.

원래 선박의 경우에는 일반상품과 달리 덤핑제도가 적용되지 않고 있는데, 그 이유는 선박은 일반상품과 다른 특성을 갖고 있기 때문이다. 즉, 일반상품은 반드시 수출국에서 수입국으로 국경을 통과하고 세관을 경유하게 되어 있는 데 비해 선박의 경우는 세관선을 거치지 않는 경우가 대부분이다.

예를 들어 미국의 선주가 우리나라 조선소에 주문을 하더라도 선적(船籍) 결정의 편의주의 원칙(선박의 국적을 선주가 임의로 정할 수 있는 제도)에 따라 세금이 적고 까다로운 규제가 없는 리베리아 같은 나라로 동 선박의 국적을 정할 수 있고, 또한 조선소에서 취항하면 바로 해운에 투입되기 때문에 발주국(미국)의 항구에 언제 입항할지 알 수 없는 것이다. 이 때문에 세관을 통과할 때 수입업자에게 덤핑관세를 부과하는 덤핑제도를 선박의 경우 적용하기가 기술적으로 어려운 것이다.

　여하간에 우리 조선업계의 입장에서는 부담스럽기 짝이없는 덤핑제도를 그 동안 적용이 제외되었던 선박의 경우 도입하는 것 자체가 받아들이기 어려운 형편인데, 한 술 더 떠서 자국의 법원의 결정으로 수출국의 조선소에 과징금을 부과하겠다는 미국의 제안은 우리 입장에서는 정말 수용하기 어려운 것이었다.

　그러나 협상이란 무조건 싫다고 반대하여 해결되는 것이 아니고 상대방이 납득할 수 있는 반대의 논리와 근거가 있어야 하는 것이다. 더욱이 상대는 미국과 유럽이 아닌가! 특히 미국은 무역대표부(USTR)의 대사급인 린 윌리암스(Lynn Williams)와 로버트 캐시디(Robert Cassidy) 국장 등 막강한 협상팀을 구성하여 이 협상에 참여하고 있었다.

　필자는 미국의 제안에 대해 고심하다가 당시 법률전문가로 협상에 참여하고 있던 김두식 변호사(현 법무법인 세종 대표변호사)에게 미국측 제안에 대한 법률적 검토를 의뢰하였다.

　김변호사는 미국측 제안을 수용할 경우 우리 국민(조선소)에게 보장된 헌법상의 재판을 받을 권리와 모든 국민은 헌법과 법률에 의하지 않고는 불리한 처분을 받지 않는다는 우리 헌법의 기본권조항에 위배된다는 유권해석을 보고해 왔다.

　이것이면 되었다고 판단하여 이 내용을 당시 김기춘 법무부장관(현 국회의원)을 직접 찾아뵙고 설명을 드렸다. 이어 EPB부총리(당시 최각규 부총리)가 위원장으로 되어 있고 경제부처 및 외무부장관이 위원으로 구성되어 있는 대외경제위원회에 조선협상의 내용을 특별안건으로 보고하고 유럽 및 미국의 제안에 대한 정부의 공식 훈령을 요청하였다.

이 회의에서 대외경제위원회의 정규위원이 아닌 법무부장관이 특별히 참석하여 동 협상에 대한 법무부의 의견을 개진하였으며 참석 위원들의 만장일치로 미국측 제안은 우리 헌법과 상치되어 수락할 수 없다는 결론을 내리고 협상대표에게 이같은 정부훈령을 공식 부여하였다. 필자는 이와 같은 내용을 영문으로 문서화하여 차기 회의에서 미국대표에게 공식 전달하고 자세히 설명하였다.

미국은 계속된 협상에서 유럽의 동의를 얻어 집요하게 당초 제안을 관철하려고 노력하였으나 우리의 끈질긴 반대에 부딪혀 결국 이 제안을 철회하였다.

이 협상을 통해서 필자가 얻은 교훈은, 미국이 세계 최강대국임에도 불구하고 국제협상에서 법적으로 논리적으로 명백한 논거를 가지고 성실하게 설득할 경우 우리 입장을 관철시킬 수 있다는 것이었다.

미국이 마지막까지 당초 제안을 관철시키려고 필자를 비롯하여 우리 대표단을 집요하게 설득하였으나 우리나라 법무부의 유권해석과 대외경제위원회의 공식결정을 확인한 이후에는 이를 포기한 사실을 보아도 그러하다.

만일 유럽과 미국의 제안이 그대로 협정에 반영되었다면 우리나라의 대표적 산업인 조선산업은 그후 상당한 타격을 받았을 것으로 생각한다.

여러 가지 능력이 부족한 필자로서는 당시 김두식 변호사를 비롯한 우수한 실무진의 도움이 없었더라면 미국과 유럽의 공세를 저지하기 어려웠을 것이다. 동 협상은 필자의 뒤를 이어 구본룡 조선과장(현 온앤오프사 회장)이 맡아 고생 끝에 마무리하였다.

최근 국민적 공분을 야기했던 한·일간의 어업협상이나 대우자동차 매각협상 등을 신문지상에서 읽으면서 후배들에게 조금이라도 도움이 되었으면 하는 입장에서 필자의 경험을 소개하는 것이다.

우리에게 불리한 협상결과에 대해 개탄만 할 것이 아니라 앞으로 유사한 실수를 피하기 위해서는 관련 부처·기관간의 긴밀한 협조하에 사전에 치밀한 협상전략을 마련해야 할 것이며, 반드시 협상능력이 있는 협상팀을 구성 투입해야 한다.

장기적으로는 우수한 협상인력을 양성하고 모든 분야에서 협상능력을 제고시켜 국익이 걸려 있는 국제협상에서 다시는 국민을 실망시키는 일이 없기를 바란다. (2000. 7)

47. 해양대국 일본의 집념

필자가 지난 91년과 92년 약 2년에 걸쳐 협상 수석대표로 참여한 OECD 다자간 조선협상에 관해 앞에서 상술하였다.

이 협상에 일본은 운수성국장을 수석대표로 하는 정부대표단을 파견하였는데, 항상 3명의 1급 동시통역사를 대동하는 등 협상의 성공을 위해 많은 투자와 노력을 기울였다. 세계 조선시장을 양분하고 있던 일본과 한국은 이 협상에서 조선수출국이라는 같은 입장에서 공동보조를 취하는 경우가 많았다.

그런데 이 협상을 통하여 필자가 파악한 것은 일본 정부의 조선산업에 대한 무서운 집념이었다. 협상과정에서 일본 조선업계에 약간이라도 불리한 내용은 끝까지 양보하는 일이 없었으며, 협상에 임하는 일본 대표는 그야말로 목(직)을 걸고 협상에 임하는 결연한 모습을 보였다.

물론 우리나라를 비롯한 어느 나라 대표이든 간에 국익이 걸려 있는 문제에 있어 양보가 있을까마는, 일본은 특정 이슈에 있어 모든 나라로부터 고립되어 양보를 강요받는 경우에도 끝까지 버티기로 일관하였다.

일본이 당시 세계 제1의 조선국이라는 사실은 많이 알려져 있었으나(2000년에는 건조량 기준으로 한국이 1위) 전 세계 선복량의 약 13%를 지배하는 세계 제2위의 해운국이라는 사실은 필자도 조선협상을 통하여 알게 되었다.

일본은 섬나라라는 지리적 한계를 벗어나기 위해 오래 전부터 조선과 해운업 육성을 국가의 최우선 과제로 삼아 노력해 왔다. 태평양전쟁은 일본의 아시아 대륙에 대한 영토적 야욕 때문에 유발된 것이지만 미국에 의해 태평양의 해상수송로가 봉쇄되지 않을까 하는 두려움에서 일본이 진주만을 선공하였다는 해석도 있지 않은가? 그래서인지 일본의 조선업과 해운업은 서로 상부상조하면서 발전하여 이제 일본은 세계적인 조선 및 해운 강국이 된 것이다.

일본 해운업계는 조선 불황기에는 가능한 한 선박 주문을 늘여 일본 조선소에 발주하고, 이 경우 일본 정부와 금융기관은 저리의 금융을 제공하여 조선업계를 지원하였고, 반대로 조선업계는 조선호황기에 일본 해운업계가 발주한 선박을 가장 우호적인 가격으로 우선 건조해서 보답하는 등 조선과 해운이 한 식구처럼 서로 도와 오늘의 발전을 이루어내었다고 한다.

이것이 이른바 계획조선(Home Credit System)이라는 것으로, OECD조선협상에서 일본이 각국으로부터 폐지하라는 집중적인 공격을 받았으나 일본대표가 마지막까지 지키려고 노력한 일본의 조선 및 해운업 발전에 있어 일등공신인 제도라고 할 수 있다.

일본 해운업계가 모처럼 여객선을 국내 조선소가 아닌 북구 조선소에 발주한다는 이야기가 있어 그 내용을 알아본 적이 있다.

여객선 분야는 일본이 경험이 없고 일본 조선소의 건조가격이 비싼 것이 사실이나 북구 조선소는 일본에서 거리가 너무 멀어 선박 건조과정에 자주 가서 선주의 의견을 반영하기가 번거로워 선주가 고민 끝에 결국 일본 조선소에 발주하였다는 것이었다. 일본의 조선업계와 해운업계의 유착을 단적으로 보여주는 사례가 아닐 수 없다.

2차대전 태평양전쟁에서 일본은 진주만 기습에는 성공하였으나 미드웨이 해전을 계기로 해군력이 급격히 괴멸되어 후퇴를 거듭하다가 원자탄을 맞고 미국에 항복하였다. 2차대전의 뼈아픈 경험과 아울러 원유 등 거의 모든 자원을 해상 수송로에 의존하고 있는 일본으로서는 막강한 해운력과 해군력(해상자위대)을 바탕으로 해양물류를 안정되게 확보하는 문제를 국가 존립을 위한 우선과제로 삼고 있는 것은 당연한 일일지 모른다.

일본은 막강한 해운산업과 해군력을 확보하고 유지하기 위해 구미선진국들이 오래 전에 포기한 조선산업을 끝까지 포기하지 않고 계속 조선강국의 위치를 고수하고 있는 것이다.

일본의 조선산업은 80년대 중반 세계 조선시황이 좋지 않은 상황에서 우리나라의 현대, 대우, 삼성 등 신예 조선소의 도전을 받아 한때 어려움에 봉착했으나 조선산업의 대대적인 구조조정과 효율이 높은 선박개발 등 정부와 업계의 필사적인 노력으로 위기를 벗어나기도 했다.

해군력에 있어서도 일본은 꿈의 구축함이라고 불리우는 이지스(Aegis)함을 이미 4척이나 보유하고 있으며, 매년 신예 잠수함을 한 척씩 건조하여 실전에 배치하는 등 해군 군사력을 날로 강화하고 있다.

이지스함은 레이다로 18개 표적을 동시에 공격할 수 있는 구축함으로 포크랜드 해전에서 불란서 엑조제 미사일에 혼이 난 영국이 미국으로부터 구입하려다가 워낙 가격이 비싸(한 척에 약 1조원) 포기하였다는 전천후 구축함인데, 현재 미국과 일본만이 보유하고 있다고 한다.

일본은 외국 선주가 발주하는 입찰에 일본 조선소가 참여하면 다른 조선소는 입찰에 아예 참여하지 않거나 참여하더라도 들러리로 참여한다고 하는데, 우리나라는 우리 조선소끼리 마지막까지 경쟁하여 가격을 떨어뜨리는 경우가 많았다.

우리 조선업계는 그 동안 일본을 따라잡기 위해 조선기술과 생산성 향상에 모든 노력을 기울였다. 그 결과 선박건조 실적에 있어서는 일본을 앞지르게 되었으나 해운업이나 해군력은 조선산업의 발전에 상응하는 성장을 이룩하지 못하였다.

정부는 지난 97년에 해양수산부를 신설하여 화려했던 장보고시대를 재현하고 21세기에 해양대국으로 발전하겠다는 비전을 제시하였다. 일본과 마찬가지로 현재는 섬나라와 진배없는 신세인 우리의 지정학적 환경에 비추어 볼 때, 해양주권의 확보와 해운안보의 중요성은 지대하기 때문에 우리도 21세기 해양대국의 꿈을 실현하기 위해 정부와 업계, 관련인사들이 모두 힘을 모아 꾸준히 노력해 나가야 하겠다.

넓은 세계와 바다를 앞에 두고 좁은 땅덩어리 위에서 출신지역이나 따지는 구태의연한 정신으로 21세기에 어떻게 선진 해운강국이 될 수 있겠는가? (2000. 10)

48. 킬리만자로의 노래

아프리카 탄자니아 북부에 있는 킬리만자로를 등정하고 오신 선배님(박용도 전 상공부차관)이 들려주신 이야기이다.

킬리만자로의 정상에 가까운 마지막 캠프에서 밤에 모닥불을 가운데 두고 포터들이 같은 노래를 계속 부르길래 그 의미를 물었더니 "서두르지 마라, 서두르지 마라! 서두르면 정상에 오르지 못하리. 천천히, 천천히, 천천히."라는 의미라고 설명해 주더라는 것이었다.

선배님은 등산에는 알아주는 베테랑이시지만, 포터들의 노래대로 해발 5,896미터의 킬리만자로 정상을 한 걸음 한 걸음 서두르지 않고 천천히 내디뎌 무사히 정상을 정복하고 돌아오셨다.

우리나라는 지난 30년간 찌들은 가난에서 하루라도 빨리 벗어나 선진국들처럼 잘살아 보겠다는 일념으로 온 국민이 바쁘게 땀 흘려 일해 왔다. 이 과정에서 모두들 빨리빨리 움직일 수밖에 없었고 옛날 양반들처럼 점잖게 천천히 굴었다간 구박받기가 십상이었다.

사실 한국인의 이와 같은 질풍노도의 정신이 세계 어느 나라

보다 빠른 고속성장을 가능케 하였고, IMF 외환위기의 심각한 상황에서도 발빠르게 벗어날 수 있었던 원동력이 아닌가 생각한다.

그러나 빨리빨리 문화는 다른 한편으로는 졸속과 적당주의라는 부작용을 야기하여 국가발전에 부정적인 영향을 끼친 것도 사실이다.

스페인의 바로셀로나에 있는 그 유명한 사그라다 파밀리아 성당은 가우디 집안이 1884년 이래 3대째 대를 이어 짓고 있으나 아직도 미완성으로, 완공되려면 200년이 더 걸린다고 하며, 독일 쾰른의 대성당은 무려 632년(1248~1880)에 걸쳐 지은 것이라고 한다.

우리나라의 경우에도 불국사(528~751)처럼 오랜 세월에 걸쳐 정성을 들여 완성한 건축물과 작품들이 허다하다.

다가오는 21세기는 시간과 공간을 단축하는 정보화가 한층 진전되면서 지식과 기술이 더욱 중요해지는 사회가 될 것이므로 신속성과 아울러 신중하고도 끈기있는 노력이 필요할 것이다.

20세기 후반 한국경제를 일으킨 질풍노도의 기백을 유지하면서도 천천히 그러나 정확한 발걸음으로 21세기를 맞이하는 게 어떨지. (매일경제신문, 매경춘추, 1999. 2. 8)

49. 비누조각과 깨끗한 물

파리를 찾는 방문객이 일정에 반드시 포함시키는 곳 중에 하나가 루브르(Louvre) 박물관이다.

루브르 박물관이 현재 있는 곳에 루브르궁이 처음 세워진 것은 지금으로부터 약 700년 전이다. 루브르 박물관으로 정식 개관된 것은 1793년이며 나폴레옹이 패전국으로부터 미술품을 본격 수집함으로써 이제는 약 30만 점의 미술품을 보유한 세계 1위의 박물관으로 명성을 드높이고 있다.

필자가 파리의 한국대사관에 근무할 때 루브르를 수차 관람할 기회가 있었다. 그 때마다 궁금하게 생각했던 것이 루브르에 전시된 200∼300년 전의 고화(古畵)들이 오랜 세월에도 불구하고 너무나 색채가 선명하고 깨끗하게 보관되고 있는 점이었다.

박물관에서 미술품을 정리하는 직원에게 기회를 보아 미술품 보관의 비결을 물어보았더니 그 대답은 너무나 예상 밖이었다. "필요한 것은 비누조각과 깨끗한 물"이 대답의 전부였다. 실제 나중에 미술품을 정리하는 것을 유심히 보았더니 매우 가느다란 붓으로 비누와 물을 묻혀 묵은 먼지를 닦아내고 물감을 새로 칠하고 있는 것이 아닌가!

　우리 기업들은 작년 1년 동안 어려운 국내의 경제여건하에서도 수출증대를 위해 열심히 노력하여 약 400억 달러의 무역흑자를 기록함으로써 외환수지 악화로 위기에 처한 나라경제를 회생시키는 데 결정적 역할을 수행했다.

　이미 국내시장이 전면 개방된 상황에서 우리 기업들은 해외는 물론 국내시장에서도 외국기업들과 치열한 경쟁을 벌이고 있으며 이와 같은 경쟁 속에서 생존발전하기 위해서 경쟁력 확보에 필사적인 노력을 기울이고 있다.

　기업의 경쟁력은 경영능력, 기술수준, 가격경쟁력, 품질수준 등 여러 가지 요인들에 위해 결정되지만 무엇보다도 세계 최고의 상품을 만들겠다는 근로자와 기업인의 의지와 노력이 가장 중요하다고 생각한다.

　루브르 박물관 직원이 필자에게 이심전심으로 전해 준 해답은 아마도 '필요한 것은 비누조각과 깨끗한 물이지만 가장 중요한 것은 미술품을 아끼는 정성스러운 마음'이 아니었을까? 미술품을 아끼고 사랑하는 마음이 없으면 비누와 물만으로 어떻게 고화를 완벽하게 재생할 수 있겠는가!

　흔히 우리 기업에 가장 필요한 것은 기술개발과 품질개선이라고 한다. 또 많은 기업들이 자동화에 투자를 확대하고 있으며 정보화를 강조하고 있다.

　그러나 이에 앞서 우리 스스로 우리가 이미 갖고 있는 것들에 조그만 정성을 더할 경우 성취할 수 있는 소중한 것은 없는지 주위를 살펴보고 싶다. (*이 이야기는 어디까지나 고화의 훼손이

경미한 경우에 해당하고, 훼손이 심한 경우에는 보다 복잡한 작업
과 노력이 필요하다고 함.) (매일경제신문, 매경춘추, 1999. 1. 4)

50. 밝은 눈과 섬세한 손

70년대 초 마산수출자유지역내 일본기업이 투자한 어느 전자공장을 방문했을 때의 일이다. 우리 여성근로자들이 열심히 현미경을 들여다보면서 전자부품을 가공하고 있는 모습을 보고 현장 책임자에게 한국에서 가공하는 이점을 물어 보았다.

현장책임자의 답변은 여성근로자의 경우 임금이 저렴하기도 하지만 기능이 뛰어나게 우수하다는 것이었다. 한국의 여성근로자들은 1주일만 해당 공정의 실습을 시키면 6개월 근무한 일본 근로자의 생산성이 나온다면서 이들의 밝은 눈과 섬세한 손에 대해 감탄하는 것이었다.

신발, 전자, 섬유 등 많은 산업들이 우리 여성근로자들의 뛰어난 솜씨에 힘입어 싹이 트고 성장한 것이 사실이다. 그러나 이제 우리 경제는 기능보다 기술과 지식을 기반으로 하는 고부가가치 산업을 추구해야 하는 단계에 본격 접어들었다.

우리 경제가 선진국 경제권에 재도약하기 위해서는 21세기 산업사회가 필요로 하는 우수한 고급인력이 확보되어야 하며, 이런 차원에서 여성인력의 활용은 중요한 대안이라고 생각한다.

한국의 역대 올림픽 금메달리스트 97명 중 여성이 63명이며, 우리나라 프로골프선수 2,600명 중 여성프로는 284명에 불과하나 세계대회 우승자는 여성(박세리 선수)이 먼저 차지했다.

스포츠분야뿐만 아니라 언론계, 의료계 등 모든 직종에 있어 여성의 진출은 최근 급속히 증가하고 있다. 서울대가 74년 관악 캠퍼스의 건물 준공시에는 여학생 비율이 5% 미만이었으나 현재는 25%를 넘어서고 있어서 여자 화장실을 대폭 증설해야 할 형편이라고 한다.

그러나 대학과 연구기관, 행정부와 기업 등 아직도 여성들의 진출이 상대적으로 저조한 분야는 여성들의 진출이 더욱 장려되고 확대되어야 할 것이다. 우리나라에서 1년에 배출되는 대졸 출신의 45%에 해당하는 11만여 명의 여성고급인력을 이제부터라도 본격적으로 활용해야 하겠다.

밝은 눈과 섬세한 손을 가진 여성기능공들이 우리 산업을 일으키는 데 중요한 기여를 한 것처럼, 남성 못지 않은 지식과 기술 그리고 아이디어를 갖춘 여성인력이 21세기 한국경제 발전에 보다 적극적으로 참여해야 할 것이다. (매일경제신문, 매경춘추, 99. 1. 21)

51. 기술표준원

　　과천에 소재하고 있는 기술표준원을 찾는 방문객들 중 이 기관이 1세기가 넘는 오랜 역사를 가진 기술행정기관임을 아는 사람은 많지 않을 것이다.

　　고종 20년(1883년)에 화폐 주조기관으로 전환국을 설치하면서 동전 제조에 사용하는 금속재료의 분석과 시험측정을 위한 분석소(分析所)를 함께 설치하였는바, 이것이 현 기술품질원의 모태라고 한다.

　　분석소는 전환국이 폐지되면서 독립기관으로 분리되었다가 1912년 중앙시험소로 개칭되어 종로구 동숭동(현 방송통신대)에 청사를 신축 입주하였는데, 당시 청사 건물은 우리나라 근대과학의 발상지라 하여 1981년 보존문화재로 지정된 바 있다.

　　분석소 시절에는 주로 독일인 기술자가 근무하였고, 일제시대에는 직원들 대부분이 일본인이었으며, 몇 안 되는 한국인 직원들이 광복 후 이 기관을 넘겨받아 조직과 기능을 발전시키기 위해 노력하였다.

　　61년 국립공업연구소로 개편 강화된 후 정부의 경제개발계획의 본격 추진과 더불어 우리나라 기술과 공업발전에 크게 기여하였으며 기계연구소, 선박연구소, 화학연구소 등의 발족에 산파역할을 하기도 하였다.

82년 과천청사로 이전하여 현재는 61명의 이공계 박사를 비롯한 320명의 연구기술인력을 갖춘 기술행정기관으로 중소기업에 대한 시험 검사, 기술지도, 표준 및 품질관련 업무 수행에 여념이 없다.

기술표준원 내에는 기술샘이라고 불리는 지하 110미터의 샘이 있는데 수질이 좋고 물맛이 좋아 인근 과천 시민들에게 인기가 높다.

기술샘이 과천시민들의 사랑을 받듯이 기술표준원도 표준업무와 중소기업의 기술지원에 더욱 노력하여 모든 기업인들로부터 사랑받는 기관으로 발전하기 바란다. (매일경제신문, 매경춘추, 1999. 2. 13)

52. 정보화의 허실

　작년 8월 초 중소기업청이 대전으로 청사를 이전한 뒤, 간부들이 서울에서의 회의참석 등으로 서울－대전을 왕래하는 경우가 잦아짐에 따라 전자결재를 본격적으로 시행키로 하였다.

　처음에는 아무래도 익숙치 않은 탓인지 직원들의 호응도가 그리 높지 않았으나 6개월이 지난 지금, 비밀을 요하는 일부 문서를 제외하고는 거의 모든 문서가 전자결재로 처리되고 있다. 청·차장을 비롯한 간부들이 서울과 대전 및 지방을 오가는 상황에서 서류를 들고 왔다갔다 하는 일이 직원들에게 여간 번거롭지 않았을 것이고, 또 전자결재라는 것이 점차 익숙해지니까 편리하기도 하였기 때문일 것이다.

　전자결재가 본격 시행됨에 따라 우선 결재 및 보고문서가 크게 증가하는 현상이 나타나고 있다. 종전에는 결재과정의 번거로움 때문에 결재를 생략했던 문서들이 올라오고, 전자결재를 통해 부서별로 하고 있는 일들이 손쉽게 비교됨으로써 자연스럽게 부서간의 경쟁을 유발하여 결재 및 보고문서의 양이 크게 늘어나고 있는 것이다.

또한 전자결재는 결재시간을 단축함으로써 의사결정이 신속하게 이루어지게 하고 아울러 조직 내 정보의 유통속도를 빠르게 하는 효과도 보여주고 있다. 중간단계의 결재권자가 결재를 미룰 경우 전체 결재의 흐름이 지연되며, 또한 그 사실을 관련 직원들이 바로 알게 되기 때문에 결재를 늦출 수 없게 되는 것이다.

그러나 전자결재는 대면결재에 비해 상하간에 친근감이 줄어들고 감성적인 것을 포함한 종합적인 의사전달기능이 취약하다는 약점을 안고 있다.

문서를 기안하는 직원들의 책임감도 전자결재의 경우 대면결재 보다 부족한 것이 아닌가 느껴진다. 아무래도 대면보고 시에는 상사의 예상질문에 대해 미리 준비한다든지 여러모로 신경을 쓸 수밖에 없기 때문일 것이다.

상하간 또는 동료간에 오랫동안 서로 몸을 부딪치고 대화하면서 일을 해온 관행 때문인지 전자결재의 편리함을 인정하면서도 한쪽으로는 역시 무언가 허전함을 느끼게 된다

21세기는 정보화 시대라고 한다. 정보화를 통해 신속 편리함을 확보하면서, 오랫동안 우리 몸에 밴 친숙한 인간관계와 책임감 같은 소중한 덕목들을 함께 보존할 수 있는 방법은 없을까? (매일경제신문, 매경춘추, 1999. 2. 22)

53. 모든 여성경제인에게 꿈과 희망을

먼저 지난 1월 우리나라 92만 여성기업인의 오랜 소망이 담긴 「여성 기업 지원에 관한 법률」이 제정된 것을 진심으로 축하드리며, 금번 법률 마련은 한국여성경제인연합회 장영신 회장님을 비롯한 회원 여러분의 그간의 노고와 열의가 이루어낸 뜻깊은 결실이라 생각합니다.

그동안 우리 여성들은 강한 인내심과 슬기로움을 갖추고 사회발전과 가정의 안정에 크게 기여해 왔으며, 밖으로는 문화, 예술, 스포츠 등 여러 분야에서 뛰어난 능력을 세계무대에 과시하여 왔습니다.

이제 「여성 기업 지원에 관한 법률」의 제정으로 이와 같은 여성의 우수한 능력이 경제영역에서도 한껏 발휘될 수 있는 기반을 마련하게 되어, 새로운 천년을 준비하는 우리나라 여성경제인에게 무한한 가능성을 열어주는 희망의 메시지가 될 것입니다.

앞으로 중소기업청에서는 법 제정의 취지에 부합되도록 여성 경제인이 기업활동에 전념할 수 있는 종합적이고 체계적인 지원시책을 마련하여 세계일류 여성기업이 탄생될 수 있는 기반을 구축하는데 최선의 노력을 다하고자 합니다.

　우리 여성경제인들도 이 법의 제정을 계기로 새로운 활력으로 더욱 열심히 기업경영에 진력하여 국가발전에 이바지하고 현재의 경제적 어려움을 극복하는데 앞장서 주실 것을 기대합니다.

　다가오는 21세기는 지식·정보화 사회가 도래되어 여성의 시대가 될 것이라고 흔히 말하고 있습니다. 여성의 섬세함과 치밀한 경영, 창의적인 노력과 가족적인 기업경영은 바로 우리가 요구하는 새로운 기업문화상과 일치하고 있어 여성경제인에게는 그만큼 무한히 발전할 수 있는 미래가 열려 있다고 확신합니다.

　이제 외환위기 이후 어려웠던 우리 경제도 서서히 회복세를 보이고 있습니다. 그간 산업현장에서 밤낮없이 애써오신 여성경제인 여러분의 노고에 다시 한번 감사를 드리며, 여성경제인 여러분께서 영위하시는 사업이 날로 번창하시기를 기원합니다. (여성경제인, 1999년 3월호)

54. 컨설팅과 연계 중기체질 강화

최근 우리 경제는 IMF 체제하의 어려운 상황을 극복하고 전 반적으로 호전되고 있으며 외국의 유수한 신용평가기관들에게서도 좋은 평가를 받고 있다.

그러나 우리 경제가 완전히 회복돼 새로운 발전을 도모하기 위해서는 현재 추진중인 4대 부문의 개혁, 즉 금융·기업·노사· 공공부문의 개혁을 성공적으로 마무리하고 아울러 우리 경제의 최대 현안인 실업문제를 해결해야만 할 것이다.

실업문제를 해소하려면 무엇보다 중소기업의 창업을 촉진하고 발전시켜 일자리를 대폭 창출해야 하며, 또한 중소기업 육성을 통해 우리 경제 발전의 새로운 원동력을 확보해야 할 것이다.

현재 대부분의 대기업은 과잉인력을 보유하고 있어서 구조 조정을 통한 몸집 줄이기가 불가피하기 때문에 당분간 고용을 새로 창출하기는 어려운 실정이다.

미국의 경우를 보아도 지난 수년 동안 500대 대기업의 신규 고용창출 실적은 미미한 반면 중소·벤처기업의 고용증가는 괄목 할만한 수준이다.

따라서 고용창출을 위해 중소·벤처기업의 창업과 육성에 모든 역량을 집중해야 할 것이며, 단기적으로는 서비스 부문에서 소규모 상공업의 창업을 활성화하는 것이 고용증대면에서 가장 효과적이라고 생각한다.

경쟁력 있는 중소·벤처기업의 육성은 고용창출 뿐 아니라 장기적으로는 우리 경제의 체질개선과 산업 전반의 경쟁력을 강화해 줄 것으로 기대된다.

일반적으로 중소기업은 경제적 약자로 간주돼 보호의 대상으로 인식돼 왔던 게 사실이다. 그러나 국내외 시장이 개방되고 글로벌 경쟁이 날로 치열해지는 상황에서 정부가 중소기업을 무한정 보호하기는 현실적으로 불가능하다. 이제 우리 중소기업들도 경쟁력을 강화해 세계 일류기업들과 당당히 겨룰 수 있는 실력을 배양하지 않으면 안 된다.

물론 우리나라의 중소기업 가운데는 세계시장을 제패한 훌륭한 기업이 상당수 있지만 아직도 전반적으로 보아 경영이나 기술 수준에서 선진국 기업보다 취약한 것이 숨김없는 사실이다. 특히 세계 경제의 글로벌화가 급속히 진전되는 가운데 세계시장 정보를 신속하게 파악하고 이에 즉각 대응하는 경영능력이 취약하고 기술개발의 기반이나 투자도 미흡한 실정이다.

지금까지 정부는 중소기업의 자금, 인력, 판매를 다각적으로 지원해 왔으며 특히 중소기업인들의 꾸준한 경영 및 기술혁신 노력으로 중소기업 부문에서도 많은 발전과 성과가 나타나고 있다.

그러나 이제 중소기업의 경쟁력을 근본적으로 제고하기 위해서는 경영 및 기술혁신 노력을 더욱 강화해야 하며 이를 위해서는 중소기업에 대한 보다 전문적인 컨설팅이 필요하다고 생각한다.

아직까지 우리나라의 컨설팅산업은 역사가 일천하고 컨설팅 수요도 대기업이나 금융기관에 편중돼 있으며 중소기업들은 높은 비용부담 때문에 컨설팅 서비스에 접근하기가 어려운 형편이다. 따라서 정부는 자금·인력지원 등 종래의 중소기업 지원시책 못지않게 컨설팅 지원이 중요하다는 인식하에 이 분야에 대한 지원 노력을 확대해 나갈 계획이다.

첫째, 컨설팅 산업을 적극 육성해 우수컨설팅 회사로 하여금 중소·벤처기업에 대한 경영 및 기술지원을 활발히 수행하도록 할 것이다.

둘째, 컨설팅 비용을 부담하기 어려운 중소기업에게 소요자금의 일부를 정부에서 지원해 중소기업이 보다 용이하게 컨설팅 서비스를 이용하도록 할 계획이다.

셋째, 민간컨설팅회사와 함께 중소기업진흥공단, 표준협회, 능률협회 등 공공컨설팅기관의 기능을 더욱 활성화해 전문적이고 내실있는 지도·상담이 이뤄지도록 할 방침이다.

앞으로 정부의 이런 노력이 결실을 맺어 컨설팅산업 자체의 발전을 이룩함은 물론 대기업 중심으로 이뤄져 왔던 컨설팅이 중소기업 전반으로 확산돼 중소기업의 경영·기술혁신을 가속화시키는 기폭제가 되기를 기대한다. (매일경제, 1999. 4. 6)

55. 부산지역 중소기업 지원 대책

　　지역적으로 부산경제는 지난 30여년 동안 우리나라 해운 항만 물류의 중심지로서 목재, 섬유, 신발 등 노동집약적 산업의 성장을 통해 국민경제 성장의 견인차 역할을 수행해 왔으나 그 후 산업구조조정과정에서 어려운 국면을 맞게 됐다.

　　대기업의 역외 이전 및 신규산업 유치의 실패로 인한 높은 실업률, 금융기반의 취약과 제조업의 부진, 영세성 등 구조적 취약성 및 유통업의 성장정체 등으로 지역경제는 침체상태에 처하게 되었다.

　　국민의 정부가 출범한 지 1년이 경과한 지금의 우리경제는 금융 외환시장이 안정되고 외환보유고가 사상 최고의 수준에 이르고 있으며 외국인투자가 큰 폭의 증가를 보이고 있는 한편, 실물경제부분에서도 생산과 소비가 회복세로 접어들고 있다.

　　이러한 시점에서 정부는 경제회생을 위해 일자리 창출과 고용안정, 수출증대를 핵심적인 정책목표로 설정하고 특히 중소기업이야말로 경제발전의 새로운 원동력이고 고용창출의 근원이라는 기본인식하에 벤처 및 창업지원 확대, 중소기업의 수출기업화, 소상공인 지원 등의 시책을 마련해 시행하고 있다.

　　대기업이 갖추지 못한 창의성과 유연성, 기동성을 갖춘 중소기업의 발전은 우리 경제에 활력을 부여하고 고부가가치를 창출해 국가경쟁력을 제고하게 될 것이다.

　　부산지역의 경우 어려운 가운데도 외국인 투자유치를 통한 정보단지 조성, 신발 지식단지 조성, 조선기자재산업활성화 대책, 지역경제 활성화 방안들이 활발하게 추진되고 있는 것으로 알고 있다.

　　이러한 분위기를 더욱 확산시켜 부산경제 회복의 계기를 마련하기 위해 중소기업청은 여러 가지 지원시책을 적극 전개할 방침이다.

　　먼저 수출지원 센터를 통한 중소기업의 수출기업화사업을 강화하고 상반기 중 소상공인 지원센터를 추가로 개설할 예정이다. 벤처기업 창업지원자금을 당초 1천 5백억 원에서 7천 5백억 원으로 대폭 확대할 계획으로 추진중이고, 창업성공률을 높이기 위해 창업보육센터도 4개 대학을 추가지정할 계획이며, 기술혁신개발사업 지원규모도 대폭 늘릴 계획이다.

　　그리고 원활한 자금공급을 위해 경영안정자금, 구조개선자금, 소상공인지원자금 등 정책자금 지원을 확대하고 담보력 취약문제를 해결하기 위해 신용보증기금, 기술신용보증기금의 출연을 확대함과 동시에 부산지역 신보에도 올해 처음으로 정부기금을 출연할 예정이다.

　　부산은 지난날 우리나라 제조업의 산실이었던 만큼 그 동안 면면히 이어 온 성장잠재력의 주 요소들이 곳곳에 남아있다. 조선,

조립금속, 신발, 섬유화학 등 거의 전업종에 걸쳐 경영노하우와 기술력이 아직도 지역기업인들 사이에 흐르고 있으며, 새로운 시대를 열 수 있는 지식기반산업의 싹도 돋아나고 있다.

이러한 성장잠재력을 다시 일깨우고 발전시켜 나간다면 부산지역은 제조업과 무역을 중심으로 한국경제의 중심도시로서의 지난날의 화려했던 명성을 되찾을 수 있을 뿐만 아니라 21세기 환태평양시대의 중심지역으로 부상할 수 있을 것이다. (내외경제, 1999. 4. 26)

56. 나의 자녀교육

　지난 5월 말 중소기업청장직을 끝으로 공직생활을 마무리하고 대학에서 강의를 맡은 지도 1개월이 지났다.

　이른 아침부터 밤늦게까지 쫓아 다니던 일과에서 벗어나 가족들과 보내는 시간이 늘어남에 따라 좀 더 일찍 가족들과 많은 시간을 보내지 못했던 것이 아쉽게 느껴진다.

　개발년대를 몸으로 겪어온 한국의 보통 가장과 마찬가지로 필자도 자녀교육에 대해 이야기하라고 하면 별로 자신이 서지 않는다. 아이들이 한창 자라던 시기에 야근과 주말근무가 다반사였고, 아이들에게 제대로 관심을 쏟기는 커녕 그 흔한 외식이나 야유회에 데리고 간 적이 몇 번이었던가 손꼽아 볼 수밖에 없는 처지이기 때문이다.

　그러나 어느덧 세월이 지나 아이들이 무럭무럭 자라나 성장하여 이제는 어엿한 성인이 된 것을 보면 그저 고맙기만 하다. 자기 일을 스스로 알아서 처리하고 훌륭하게 자라 준 애들이 대견하고 혼자서 뒷바라지 해오다시피 한 집사람에 대해 정말 고맙게 생각하고 있다.

　나 자신은 형제들이 많은 집안에서 태어나 작은 기숙사와 같은 분위기에서 유년기와 성장기를 보냈기 때문에 가정에서 이미 상당한 적응훈련(?)을 받았으며 이것이 지금까지의 사회생활에 큰 도움이 되었다고 생각한다.

　그러나 우리 애들의 경우는 남매 둘뿐이기 때문에 자랄 때 상대적으로 외로워 보이고 어떨 때는 모친에게 지나치게 의존하지 않는지 걱정스러울 때도 있었다.

　필자는 많은 형제들 속에서 자랄 수 있었던 행운 이외에도 훌륭한 부모님으로부터 최상급의 가정교육을 받은 것을 항상 고맙게 생각하고 있다. 부친은 평생을 교육계에 몸바친 분으로 가정에서도 항상 자식들에게 모범을 실천하셨다.

　퇴근 후에는 독서를 하시거나 마당의 화초를 돌보시는 등 몸가짐을 흐트리신 적이 없으셨고, 모친도 교육자의 아내로서 박봉에 많은 자식을 키우기에 벅차서 조그마한 가게를 하시면서 자식들 모두를 대학교육을 시켜 주셨고 부친을 훌륭히 내조하셨다. 부모님들은 필자에게 최선의 자녀교육은 부모들이 가정의 일상생활에서 평범한 행동과 실천으로 솔선수범하는 것임을 일깨워 주셨다.

　사실 우리 애들에게 필자가 부모로부터 물려받은 사랑과 가정교육을 그대로만 실천하였다면 자녀교육에 보다 큰 성과가 있었을 것이다. 그러나 자라면서 배운 것과 가장이 되어 실천하는 것은 별개의 일로서, 가장으로서 여러 가지 미흡했던 점들을 솔직히 인정하지 않을 수 없다.

　돌이켜 보면, 우리 애들에게 고맙고 대견한 마음을 가진 적이 한 두 번이 아니다. 초등학교 고학년에 다니던 애들을 프랑스 상무관으로 파견나가면서 아무런 준비 없이 프랑스 공립학교로 전학시켰을 때도 빠른 시일 내에 적응을 잘 해주어 별 부담 없이 해외근무를 마칠 수 있었던 것은 고마운 일이었다.

해외에서 3년 6개월만에 귀국하여 중학교 1학년과 3학년에서 한국교육을 다시 시작하여 아무런 혜택을 받지 못하였는데도 불구하고 희망하는 대학에 입학하여 대학과정을 무사히 마쳐준 것도 학업에 별로 도움을 주지 못했던 아버지로서는 눈물겹게 고마운 일이었다.

물론 우리 집안의 가정교육에도 어려움과 갈등이 있었다. 형제들이 많고 다소 고전적인 분위기에서 자란 필자의 입장에서는 자식들을 먼발치에서 지켜보고 부모가 필요할 때에만 개입하는 제한적 자유방임적 입장을 고수한 반면에, 자식에 대하여는 가능한 모든 노력을 기울여야 한다는 집사람과의 입장을 조율하는 것이 가장 어려운 문제였다.

결과적으로 한국의 평균적인 가정에서와 마찬가지로 우리 집의 경우도 애들은 나보다 집사람과 훨씬 친밀한 관계에 있고 그런면에서 필자가 전적으로 판정패한 것이지만, 두 가지 훈육방법으로 단선적인 접근방식보다 균형을 유지할 수 있었다고 혼자서 자위하기도 한다.

그래도 한국형 아버지는 역시 자식들이 자라는 것을 묵묵히 지켜보면서 그들이 어려움에 직면했을 때 은근히 도와주는 것이 제격이 아닌가 하고 고집하면서도, 이제는 후배들에게 좀 더 가족과 시간을 공유하고 자녀들과 친밀해질 것을 적극 권하고 있다.

우리 집의 둘째이면서 장남이기도 한 아들은 학업을 마치고 직장생활을 시작하면서 내 입장을 다소 이해해 주는 것이 대견스럽다. 대학 재학중에는 중소기업의 생산현장에서 연수를 자원하기도 했고, 졸업 후에는 벤처기업 투자회사에 근무하고 있는 것도 중소기업 행정을 맡았던 필자의 입장에서는 고마운 일이다.

중소기업의 발전을 위해서는 우수한 인재들이 보다 많이 중소기업에서 일해야 한다고 기회가 있을 때마다 강조해 온 필자의 체면을 크게 세워준 셈이다.

우리 애들이 앞으로 더욱 성장하면서 비록 필자가 자상한 아버지가 되지는 못했지만 나름대로 그들에 대한 사랑과 신뢰를 간직하고 있음을 다소라도 인정해 주면 좋겠다.

아울러 부모들의 영향을 벗어나 스스로의 판단과 노력으로 이 세상을 더욱 풍요롭고 알차게 살아 주기를 바랄 뿐이다.

(매일경제신문, 1999. 10. 9)

[부록] 벤처기업 지원제도 총괄표

□ 벤처기업 창업 지원제도

　○ 벤처기업의 창업자본금 인하(2,000만 원)
　　* 일반기업은 5천만 원이나 벤처기업은 2천만 원으로 인하

　○ 산업재산권의 자본금 현물출자 허용

　○ 대학 연구소의 실험실 공장등록 허용

　○ 창업보육센터 설치 지원 확대(241개소)

　○ 대학생 창업에 대한 지원
　　- 창업동아리 지원(학교당 600만 원) 및 아이템 개발비(학교당 400만 원) 지원
　　- 다양한 창업경연대회 개최 등

□ 벤처투자에 대한 지원제도

　○ 엔젤투자 세제 감면
　　- 엔젤과 벤처캐피탈의 투자금액에 대해 30% 소득공제
　　- 엔젤과 벤처캐피탈의 투자주식에 대한 양도차익 비과세

　○ 벤처캐피탈에 대한 세제감면
　　- 창업투자조합 출자금 소득공제(30%)

- 투자주식 양도차익 비과세
   - 이자 및 배당소득 분리과세 등

○ 엔젤투자조합(1천만 원) 및 창업투자조합(10억 원)의 결성기
   준 완화

○ 창업투자조합 등록제 및 유한책임제(LPS) 도입

○ 개인투자조합의 자산관리 및 투자자 보호 강화
   - 펀드매니저의 신용조회 강화 및 자산운용범위 제한
   - 존속기간 5년 이상, 조합원수 49인 이하로 제한

□ 벤처기업에 대한 자금 및 보증지원

○ 중소·벤처기업 창업자금 지원확대(2001 : 2,000억 원)
   * 담보력이 없는 경우 기술신보의 기술력평가를 거쳐 대출
   * 산업자원부, 정보통신부, 과학기술부 등에서 창업자금 및
      중소벤처기업에 대한 기술개발자금을 지원

○ 신용보증한도 확대 : (일반) 30억 원 → (벤처) 100억 원
   * 은행과 기술신용보증기금의 협약하에 벤처기업에 대해 부
      분보증에 의한 특별보증 운영

○ 정책자금 지원심사시 가점부여 등 우대지원하고 금융자금
   활용시 우대금리 적용

□ 벤처기업의 우수인력 확보지원

o 교수·연구원의 벤처기업 임직원 겸직 및 휴직 허용

o 스톡옵션제도 실시 및 대상 확대
   - 주식의 양도차익에 대한 비과세(3,000만 원 한도)
   - 외부전문가 및 대학·연구기관까지 적용 확대

o 병역특례 전문연구요원 배정 우대(연 2회) 및 전직 제한기간
  (2년) 폐지
   * 교수·연구원의 실험실 벤처기업에 대해 기업부설연구소
     요건을 완화하여 병역특례기관 지정을 용이하게 개선

o 병역특례 산업기능요원 배정 우대 및 지정요건 완화
   - 지정시 가점 부여(스톡옵션 부여의 경우 추가 가점)
   - 지정요건 완화(일반 : 종업원 5인 이상 → 벤처 : 3인 이상)
   - 인원배정시 요구인원이나 규모에 관계없이 2명 배정

o 벤처기업 법률자문단 운영 : 국제법률전문가 24명
   * 법률자문비용의 일부를 재정에서 지원

□ 벤처기업의 입지확보 및 정보지원

o 벤처기업 집적시설(벤처빌딩) 지정·운영(161개)
   - 벤처빌딩 설치자에 대해 개발부담금, 과밀부담금 등 면제,
     취득세, 등록세 면제 및 재산세, 종토세 50% 감면

o 벤처넷(Venture-Net) 구축·운영
   - 자금, 기술, 인력, 창업 및 각종 지원정보 제공

- 미국 실리콘밸리 정보를 벤처넷을 통해 실시간으로 제공

○ 벤처기업육성촉진지구 지정 및 기반시설 지원(12개 지구)
    - 각종 부담금 면제 및 지방세 감면
    - 중소기업 지원사업 우대
    - 「지역넷」 구축 및 정보인프라 확충

□ 벤처기업에 대한 세제지원

○ 벤처기업에 대한 소득세·법인세 감면
    - 창업 벤처기업에 대해 등록세 취득세 면제
    - 창업 벤처기업에 대해 5년간 소득세·법인세 50% 감면
    * 수도권 이외지역 일반중소기업의 경우 창업후 5년간 소득
      세·법인세 50% 감면

○ 벤처기업간 전략적 제휴를 목적으로 한 주식교환(SWAP)시
  양도소득세 50% 감면

□ 벤처기업의 판로 및 해외진출 지원

○ 벤처기업제품 중 KT, NT, EM 제품인 경우 조달청과 계약시
  수의계약 가능

○ 벤처기업의 TV 광고시 규정요금의 70% 감면(한국방송공사)

○ 민·관 합동의 「벤처기업 세계화지원단」을 중심으로 종합적·
  체계적 지원체계 구축

- 주기적으로 각 부처 및 기관별 벤처기업 해외진출 추진상
    황 점검
  - 「벤처진흥재단」을 설립하여 민간의 자립기능을 강화

○ 해외보육센터 입주, 공동기술개발, 현지법인설립 등 지원
  - KVC, iPark 등 해외지원센터 및 해외한인벤처네트워크 활용

○ 해외 벤처정보 실시간 제공 확대
  - 「벤처넷」의 실리콘밸리뉴스를 미국, 유럽, 아시아로 확대
    하여 투자유치, 현지기업과의 협력사업 등 다양한 정보
    제공

□ 코스닥시장 활성화 대책

○ 등록요건 완화 및 재조정
  - 벤처기업의 경우 업력, 자본금, 자본잠식요건, 경상이익 여
    부, 부채비율(동종업종 평균 1.5배 미만) 등 요건 면제
  - 일반대기업의 등록요건을 거래소시장수준으로 강화
  - 지방벤처기업에 대해서는 등록심사시 우선심사(심사대상
    의 20%)하고, 등록요건 일부를 완화

○ 등록심사를 투명성 강화 및 질적 심사 강화
  * 벤처기술 전문가 자문팀(pool) 구성 운영

○ 벤처기업 주요출자자(core investor), 벤처캐피탈 및 코스닥 등
  록 주관증권사의 시장안정을 위한 책임성을 강화

○ 코스닥시장의 건전성 제고
- 주가감시시스템(8월)·감리시스템(12월) 가동
- 지정감사인제도 적용, 사외이사 선임의 의무화, 부실·허위공시기업에 대한 제재 강화 등

< 저자약력 >

추준석(秋俊錫)

1947년 부산에서 출생
경남고등학교 졸업
서울대학교 상과대학 경제학과 졸업
미국 오레곤대학 경영대학원(MBA) 졸업
상공부 국제협력관, 섬유 생활공업국장,
산업정책국장, 통상정책국장,
대통령 비서실 산업정보통신비서관,
산업자원부 차관보, 중소기업청장 역임
(현)법무법인 태평양 고문, 호서대 초빙교수

벤처기업의 위기와 도전
─패기가 있어야 성공이 보인다─

초판인쇄	2001년 3월 15일
초판발행	2001년 3월 20일
저 자	추준석
펴 낸 이	朴琪鳳
펴 낸 곳	**比峰出版社**
주 소	서울 마포구 서교동 480-10 미리내빌딩 3층
대표전화	(02)3142-6551~5
Fax.	(02)3142-6556
E-mail	beebooks@hitel.net
등록번호	2-301(1980. 5. 23)
ISBN	89-376-0271-7

값 12,000원